CATALOGUE

D'ESTAMPES

Imprimées en Noir et en Couleur

PRINCIPALEMENT DE L'ÉCOLE FRANÇAISE

ET DE

L'ÉCOLE ANGLAISE DU XVIIIᵉ SIECLE

CARICATURES, PORTRAITS, VIGNETTES

DESSINS, TABLEAUX

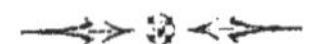

DONT LA VENTE AUX ENCHÈRES PUBLIQUES AURA LIEU

HOTEL DES COMMISSAIRES-PRISEURS

9, Rue Drouot. — Salle nᵒ 8

Les Jeudi 22, Vendredi 23 et Samedi 24 Fevrier 1894

à 2 heures précises

Par le ministère de **Mᵉ Maurice DELESTRE,** Commissaire-Priseur,
27, Rue Drouot, 27
Assisté de **M. P. ROBLIN,** Marchand d'Estampes,
65, Rue Saint-Lazare, 65

PARIS — 1894

Paris — Imp. PAIRAULT et Cie, 3, passage Nollet. — 2002.

CATALOGUE

D'ESTAMPES

Imprimées en Noir et en Couleur

PRINCIPALEMENT DE L'ÉCOLE FRANÇAISE

ET DE

L'ÉCOLE ANGLAISE DU XVIIIᵉ SIECLE

CARICATURES, PORTRAITS, VIGNETTES

DESSINS, TABLEAUX

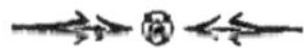

DONT LA VENTE AUX ENCHÈRES PUBLIQUES AURA LIEU

HOTEL DES COMMISSAIRES-PRISEURS

9, Rue Drouot. — Salle nº 8

Les Jeudi 22, Vendredi 23 et Samedi 24 Février 1894

à 2 heures précises

Par le ministère de **Mᵉ Maurice DELESTRE**, Commissaire-Priseur,
27, Rue Drouot, 27
Assisté de **M. P. ROBLIN**, Marchand d'Estampes,
65, Rue Saint-Lazare, 65

PARIS — 1894

CONDITIONS DE LA VENTE

Elle sera faite au comptant.

Les Acquéreurs paieront *cinq pour cent* en sus des enchères applicables aux frais.

M. P. ROBLIN se réserve la faculté de rassembler ou de diviser les lots, et se charge de remplir les Commissions des personnes qui ne pourraient assister à la Vente.

ORDRE DES VACATIONS

Jeudi	22	février,	*Estampes*	N°ˢ	1 à 279
Vendredi	23	—	*Estampes..*	—	280 à 562
Samedi	24	—	*Estampes.*	—	563 à 669
—	—	—	*Dessins*	—	670 à 751
—	—	—	*Tableaux*	—	752 à 760
—	—	—	*Objets divers*	—	761 à 767

ESTAMPES

ADAM (Victor)

1 — Passe-temps ; recueil d'environ cent soixante-dix lithographies in-4, relié.
    Belles épreuves.

ADRESSES

2 — Débit de cirage de L.-E. Langlois. — Liste des Maîtres tonneliers, anciens déchargeurs de vins et autres boissons, 1782 ; deux pièces·
    Belles épreuves coloriées.

3 — Brevets militaires ; quatre pièces sur parchemin.

4 — Ex libris, anciens et modernes : pièces révolutionnaires ; quarante-six pièces.

ALIX (P.-M.)

5 — *Boileau Despréaux* (Nic.), d'après H. Rigaud. — *Lavoisier*, (Ant. Laurent) d'après David ; deux portraits en couleur.
    Belles épreuves, petites marges.

6 — *Bonaparte*, premier consul. — *Montesquieu* ; deux portraits gravés en couleur.
    Belles épreuves, sans marges.

7 — *Charlotte Corday* (Marie-Anne).
    Très belle épreuve en couleur, marges.

8 — *Pie VII*, souverain pontife, gravé en couleur, d'après J.-B. Wicar.
    Très belle épreuve, marges.

ALMANACHS

9 — Suite de treize figures et plans relatifs à l'Hôtel des Invalides ; pièces non signées du XVIII· siècle.
    Belles épreuves.

10 — En têtes gravées pour Almanach de 1842, 1845, 1849, 1850, 1856, 1859 ; neuf feuilles.
    Belles épreuves, grandes marges.

AMÉRIQUE (Pièces sur l')

11 — *Mont-Calm*, (L.-J. Mis de) in-8, gravé par J. Barbié.
Très belle épreuve, remargée.

12 — The tax Tempest, or the anglo-american Révolution, in-folio, 1778.
Très belle épreuve, grandes marges.

13 — Mort tragique du capitaine Cook, le 15 février 1779, gravé par Fessard.
Belle épreuve, marges.

ANONYME

14 — *Du Barry*, (Mme la comtesse) in-8, cadre orné.
Belle épreuve, petites marges.

15 — *Le Brun* (Mme) et sa fille, in-4, à la manière de lavis, sans nom d'artistes.
Belle épreuve avant la lettre, marges.

16 — *Luther*, gravure sur bois, 1521, in-8.
Très belle épreuve, à toutes marges.

17 — *Marguerite de Valois*, reine de Navarre, gravure sur bois du XVI· siècle.
Belle épreuve.

18 — Portrait de Mademoiselle Chéreau, fille du graveur, in-8 de face, gravé à la manière de lavis.
Belle épreuve, glomisée.

ARDELL (J.-Mac.)

19 — *Fenoulhet*, (Lady) in-4, gravé à la manière noire, d'après J. Reynolds.
Très belle épreuve, à toutes marges.

20 — *Kildare*, (Emily Countess of) 1754, pet. in-folio à la manière noire, d'après J. Reynolds.
Très belle épreuve, à toutes marges.

21 — *J. Punt*, peintre-graveur, pet. in-folio à la manière noire, d'après G. V. d. Mijn.
Belle épreuve, petites marges.

22 — Le même portrait.
Superbe épreuve avant toute lettre, marges.

AUBRY (d'après E.)

23 — L'abus de la crédulité, par N. de Launay.
> Belle épreuve, marges.

24 — La perte réparable, par Jourd'heuil.
> Belle épreuve, à toutes marges.

AUDOUIN (P.)

25 — *Berry*, (Marie-Caroline-Ferdinande-Louise, duchesse de) d'après Hesse.
> Très belle épreuve, marges.

AUDRAN (G.)

26 — *Guillaume*, de Limoges, dit le Gaillard boiteux (R. D. 68.). in-folio.
> Belle épreuve, petites marges.

AUDRAN (J.) **CARMONA** (Salv.)

27 — *Coysevox*, (Ant.) sculpteur. — *Collin de Vermont*, (Hy.) peintre ; deux portraits in-folio.
> Belles épreuves, marges.

AUGRAND

28 — La Précaution. — La Rêverie ; deux pièces faisant pendants.
> Epreuves à toutes marges.

AVELINE

29 — Paris, ville capitale du royaume de France, in-folio, avec encadrement Louis XV.
> Epreuve à toutes marges.

AVRIL (J.-J.)

30 — La Prise de Courtrai, Juillet 1667, in-folio, d'après Van der Meulen.
> Très belle épreuve avec les noms d'artistes, gravés à la pointe, grandes marges.

BALLONS (Pièces sur les)

31 — *Montgolfier*. (Etienne de) — *Montgolfier*. (Joseph de) Deux portraits par Le Beau, in-8.
> Belles épreuves, à toutes marges.

32 — Fête du 14 juillet, an IX ; pièce gravée sans nom d'artiste.
> Belle épreuve, à toutes marges.

BAQUOY

33 — Fénelon soignant un blessé, d'après Fragonard.
> Belle épreuve, encadrée.

BARBIÉ (J.)

34 — *Turenne*, (Le vicomte de) in-8.
> Belle épreuve.

BARTOLOZZI (Fr.)

35 — Benefit of Mme Rose Didelot. — For the Benefit of M. Giardini.
— Vénus couchée; trois pièces.
Belles épreuves.

36 — The First Kiss of Love, d'après Cipriani, 1787.
Très belle épreuve, imprimée en bistre, marges.

37 — Hébé, d'après Cipriani; in-4 en couleur, 1789.
Très belle épreuve, à toutes marges.

38 — *Lunardi*. (Vincent) Esq. his dog and his cat., 1784, in-8.
Très belle épreuve, grandes marges.

39 — Nymphes au bain, d'après Picot et Cipriani.
Superbe épreuve à l'eau-forte pure, grandes marges.

40 — La Vierge. — Etude de la musique; deux pièces d'après Cipriani.
Belles épreuves avant la lettre, grandes marges

BARTOLOZZI (d'après Fr.)

41 — L'inocence et l'amour, par J. B. Lucien.
Très belle épreuve en couleur, grandes marges.

BASSET (à Paris, chez)

42 — Le café des comédiens. — Les coulisses de l'opéra; deux pièces.
Belles épreuves coloriées, grandes marges.

BEAUDOUIN (d'après P. A.)

43 — L'amour frivole, par Beauvarlet (E. B. 6.)
Belle épreuve, avec les mots : *Boucher pinxit, premier peintre du Roi*, marges.

44 — Les amours champêtres, par P. P. Choffard (E. B. 7.)
Belle épreuve, grandes marges.

45 — Le catéchisme. — Le confessionnal; deux pièces faisant pendants,
gravées par P. E. Moitte. (12 et 15)
Très belles épreuves, grandes marges.

46 — L'enlèvement nocturne, par N. Ponce. (20)
Très belle épreuve, grandes marges.

47 — L'épouse indiscrète, par N. de Launay, 1771. (21)
Très belle épreuve, grandes marges.

48 — La même estampe.
Belle épreuve, petites marges, encadrée.

BEAUDOUIN (d'apsès P. A.)

49 — Le jardinier galant, par Helman, 1778. (25)
Belle épreuve, marges.

50 — Marchez tout doux, parlez tout bas, par P. P. Choffard. (30)
Epreuve encadrée.

51 — Les soins tardifs, par N. de Launay. (40)
Epreuve sans marges, encadrée.

BAZIN (d'après P.)

52 — Anecdote du jour. (Louis XVI faisant l'aumône à un petit balayeur.)
Belle épreuve à toutes marges.

BENAZECH

53 — Le prix de l'agriculture.
Très belle épreuve en couleur, sans marges.

BERGERET (J.)

54 — Son portrait gravé par lui-même; in-4.
Belle épreuve avant la lettre sur papier de Chine, à toutes marges. (Tirage à 4 ex.)

BERTAUX

55 — Les chanteurs des boulevards, médaillon à l'aquateinte.
Très belle épreuve, grandes marges.

BIJT (Marc de)

56 — Etude d'animaux, d'après Marc Gérard; vingt pièces.
Belles épreuves.

57 — Etudes d'animaux, d'après P. Potter; seize pièces.
Belles épreuves.

BINET (d'après)

58 — Vignettes in-8 pour les élégies de Tibulle, trad. de Mirabeau; vingt
pièces.
Belles épreuves, quelques doubles.

BOILY (C.)

59 — *Borde.* (Charles) — *Nonnotte.* (Cl. Fr.); deux portraits in-8.
Belles épreuves.

BOILLY (d'après L.)

60 — L'attention. — La précaution; deux pièces faisant pendants, gravées
par S. Tresca.
Très belles épreuves en couleur, grandes marges.

61 — Hony soit qui mal y pense, gravé par J. Bonnefoy.
Très belle épreuve coloriée, grandes marges, encadrée.

BOISSEAU (A Paris, chez Jean)

62 — Profil de l'esglise de la Sainte-Chappelle scituée dans la court du Pallais de Paris ; petit in-folio.
Belle épreuve, marges.

BONNART, HURET

63 — Portraits, costumes, allégories ; douze pièces.
Belles épreuves.

BONNET (L.)

64 — Vénus couchée, aux trois crayons, d'après Fr. Boucher.
Très belle épreuve, marges.

64 *bis* — La dormeuse.
Belle épreuve imprimée en couleur, marges, encadrée.

BONNET (A Paris chez)

65 — *Histoire de Jeannot,* suite de douze pièces in-8, gravées à la manière de lavis.
Très belles épreuves, on y a joint deux planches doubles, coloriées.

BOREL (d'après A.)

66 — Le don intéressé. — La morale inutile, deux pièces faisant pendants, gravées par E. Voysard.
Très belles épreuves, à toutes marges.

67 — L'indiscret, par Dequevauvillers.
Très belle épreuve, marges, encadrée.

68 — Le Joueur. — Le retour imprévu, deux pièces pour les *Œuvres de Regnard,* 1790.
Très belles épreuves avant la lettre, à toutes marges.

BOSSE (par ou d'après Ab.)

69 — Les vierges sages, par Le Blond. — Visiter les prisonniers. — Le mauvais riche à table, entouré de six sujets sur sa mort, par de Visscher ; trois pièces.
Belles épreuves, petites marges.

BOUCHER (François)

70 — Enfants endormis.
Belle épreuve avec l'adresse d'Odieuvre, à toutes marges.

BOUCHER (d'après Fr.)

71 — L'attention dangereuse. — La vertu irrésolue, deux pièces faisant pendants, gravées par Dennel.
Très belles épreuves, une est avant la lettre, sans marges, encadrées.

BOUCHER (d'après Fr.)

72 — Erigone vaincue, gravé par Cl. Duflos.
Belle épreuve, petites marges.

73 — Femme couchée, étude, gravée par Et. Fessard.
Belle épreuve, marges.

74 — La fontaine, par Pelletier.
Superbe épreuve, avant toutes lettres, grandes marges.

74 bis — La jeune bergère, par Voyez.
Belle épreuve, petites marges, encadrée.

75 — La France gémit des troubles qui la divisent... par L. Cars.
Belle épreuve, grandes marges.

75 bis — Moulin près de Chatou, par Basan.
Belle épreuve, marges, encadrée.

76 — *Ne cessons de craindre une belle*, etc., gravé par Michel Aubert.
Très belle épreuve, marges.

77 — Le panier mystérieux, par R. Gaillard.
Belle épreuve, marges.

78 — La souffleuse de savon, par J. Daullé.
Très belle épreuve, à toutes marges.

79 — Vénus et les amours, par R. Gaillard.
Belle épreuve, petites marges.

BOURDET (d'après)

80 — Vignettes in-8 pour l'histoire des papes; quarante-sept pièces,
Epreuves avant la lettre sur papier de Chine, à toutes marges.

BOUTTATS (Gasp.)

81 — Massacre de Henry le Grand, roy de France, par François Ravaillac,
le 14 may 1610.
Belle épreuve, marges.

BOUYS (A.)

82 — *Boileau-Despréaux*, (Nic.) in-8, à la manière noire.
Très belle épreuve, marges.

BOWLES (Printed by Carington)

83 — The Feather'd fair. Feeding the Feather'd Fowl.
Belle épreuve en couleur, marges.

BOWLES (Printed for John)

84 — *Hastings* (Lady Selina), à la manière noire, in-8.
Très belle épreuve, marges.

BRACQUEMOND

85 — Un portrait et quinze figures in-8 pour les *Œuvres de Rabelais*.
Ed. Lemerre.
Epreuves avant la lettre, sur papier vergé.

86 — La même collection.
Belle épreuves d'artiste, avant toutes lettres, sur papier de Japon in-4.

BREBIETTE (P.)

87 — Compositions en forme de frises, représentant des dieux marins;
suite de six pièces.
Belles épreuves avant la lettre, marges.

BRETON (A Paris chez M.)

88 — La glaneuse.
Très belle épreuve en couleur, à toutes marges.

BRIOT (I.)

89 — *Rochepozay*, (H. L. Cast. de la) évêque de Poitiers, 1619, in-4.
Très belle épreuve, sans marges.

BRY (Auguste) lithographe

90 — *Raffet*, assis et dessinant, lithographie, in-4.
Très belle épreuve avant la lettre, grandes marges, avec envoi autographe.

CALLOT (Jacques)

91 — Costumes; onze pièces in-8.
Belles épreuves, sans marges.

92 — La foire de Florence.
Belle épreuve, grandes marges.

93 — Le Siège de Breda; six feuilles.
Belles épreuves, sans marges.

CALLOT (par ou d'après)

94 — La Tentation de Saint Antoine. — Militaires; vingt et une pièces.
Epreuves avec petites marges.

CAMPION (C.)

95 — *Guillonville*, (Espérance, Félicité du Sablon de) médaillon dans un
cadre orné.
Très belle épreuve avec trois vignettes et culs de lampes, tirés sur la même feuille à
toutes marges.

CAMPION (C.)

96 — Vue du port de Marseille, prise du quai Monsieur, d'après Har-
mitte.

Très belle épreuve en couleur, grandes marges.

97 — Vues de Paris, in-8 en couleur; dix pièces.

Belles épreuves, quelques doubles.

CARESME (Ph.)

98 — Kermesse; pièce gravée au trait et gouachée, 1779.

Très belle épreuve à toutes marges, encadrée. Très rare.

CARESME (d'après)

99 — Honny soit qui mal y voit; par Hubert.

Très belle épreuve avant toutes lettres, sans marges.

100 — La petite Thérèse, gravé par J. Couché.

Très belle épreuve, marges.

CARICATURES

101 — Caricatures sur l'Algérie; treize lithographies, par Forest, Auvrest,
Boissi et autres.

Belles épreuves, la plupart sont coloriées et à toutes marges.

102 — Caricatures anglaises; seize pièces coloriées.

Belles épreuves.

103. — La dernière Assemblée Papale. — Hélas ! de vous à moi tel est la
la différence !!! C'est incroyable. — Pièce satyrique sur les Jésuites;
trois pièces.

Belles épreuves à toutes marges.

104 — Bohémiens de Paris. — Silhouettes. — Mœurs conjugales, et
sujets divers; vingt-sept pièces, par Daumier.

Epreuves coloriées.

105 — Le bout de l'oreille, par Comba; titre et dix-huit planches coloriées.

Epreuves à toutes marges

106 — Caricature sur la Commune et la Guerre de 1870. — Sujets divers;
environ cent pièces.

Epreuves en noir et coloriées.

107 — Caricatures russes, hollandaises et allemandes; vingt-quatre pièces
coloriées.

Belles épreuves à toutes marges.

CARICATURES

108 — Chansons de Béranger. — Portraits, caricatures, sujets divers; cinquante pièces par Henri Monnier.

Epreuves en noir et en couleur.

109 — Croquis d'expressions, par Platel. — Caricatures diverses; vingt-quatre pièces.

Belles épreuves.

110 — Des-agréments d'un voyage d'agrément, par Doré; suite de vingt-cinq pièces.

Epreuves en noir à toutes marges.

111 — *Emotions parisiennes*; suite de quarante lithographies, par Daumier, en album.

Très belles épreuves coloriées.

112 — Nos gentils-hommes, par Cham; suite de vingt lithographies (manque le n° 2).

Belles épreuves coloriées, à toutes marges,

113 — La Ménagerie impériale. — Caricatures sur Napoléon III et sa famille. — Personnages politiques, etc.; cent soixantes pièces coloriées.

Plusieurs planches sont devenues fort rares.

114 — *Parades* 1791 à 1826; suite de douze pièces in-4 en largeur, sans noms d'artistes.

Belles épreuves coloriées, grandes marges.

115 — Paris et les Parisiens. Types et mœurs par P. Comba; titre et quinze planches coloriées.

Epreuves a toutes marges.

116 — Titres de Chansons. — Illustrations par Bertall. — Caricatures politiques; environ cent pièces en noir et coloriées.

117 — Par Philippon, A. Scheffer, Champion, Vernier et autres; quatorze pièces.

Epreuves en noir et coloriées.

118 — Sujets par Philippon, Grandville, Traviès, Decamps et autres, publiés dans le journal *La Caricature*; vingt-huit pièces.

Belles épreuves, plusieurs sont coloriées.

CARICATURES

119 — Par Daumier, Gavarni, H. Monnier ; vingt-sept pièces, eaux-fortes
et lithographies.

120 — Caricatures par Cham, Traviès, Grandville, Vernier, Philippon et
autres ; quarante-huit pièces en noir et coloriées.

121 — Caricatures diverses ; soixante-quinze pièces.
Epreuves en noir et coloriées.

122 — Par Daumier, Gavarni ; trente lithographies in-4.

123 — Portraits, scènes et caricatures relatifs à la Révolution de 1848 ;
vingt-six pièces en noir et coloriées.

124 — Par Daumier, Gavarni, Philippon, Pigal, Bouchot, H. Monnier et
autres ; environ quatre cents pièces (seront vendues par lots.)
Epreuves en noir et coloriées.

CARS, (L.) CHEREAU (Fr.)

125 — *Auguier,* (Michel) sculpteur. — *Baléchou,* graveur, — *Boullongne,* (L. de) peintre. — *Largillière,* (Nic. de) peintre ; quatre
portraits in-fol.
Belles épreuves, une est avant la lettre.

CARMONTELLE (d'après L. C. de)

126 – *Bachaumont.* — *Trudaine* (D. Ch.); deux portraits grand in-4,
représentés assis.
Belles épreuves, une est avant la lettre, marges.

CATHELIN (L. J.)

127 — *Jeanne d'Arc,* in-8 en pied.
Belle épreuve avant la lettre, grandes marges.

128 — *Marie-Antoinette,* reine de France, d'après Frédou ; pet. in-fol.
Belle épreuve, petites marges.

CASANOVA, BERGHEM, LOUTHERBOURG (d'après)

129 — Scènes militaires, l'Abreuvoir ; quatre pièces.
Belles épreuves avant la lettre et a l'eau-forte pure.

CÉRONI

130 — *Marie Leckzinska.* — *Mme de Mailly,* — *Mme Du Barry;* trois
portraits in-8.
Belles épreuves avant la lettre, sur papier de Chine.

CHAPUY (J. B.)

131 — Vue perspective du Champ de Mars, jour du serment civique prononcé par la nation française assemblée à Paris le 14 juillet 1790, d'après Le Roy.

Très belle épreuve imprimée en couleur, petites marges.

CHAPUY (d'après)

132 — Vue générale de Bordeaux. — Vue générale de Lyon; deux lithographies in folio.

Belles épreuves à toutes marges.

CHARDIN (d'après J. S.)

133 — La ménagère. — Les tours de cartes; deux pièces gravées par Charpentier et Surugues.

Belles épreuves, petites marges.

CHARPENTIER (F. P.)

134 — Persée et Andromède, gravé à la manière de lavis, d'après C. Vanloo.

Belle épreuve, grandes marges.

CHARPENTIER (d'après)

135 — Les petits voleurs, par Mme Le Fort.

Très belle épreuve, grandes marges.

CHASSELAT (d'après)

136 — Vignettes in-18 et in-8 pour les œuvres de Molière; vingt-neuf pièces.

Belles épreuves, quinze sont avant la lettre sur papier de Chine.

CHATILLON

137 — L'admirable dessein de la porte et place de France, avec ses rues commencée à constrvire es Marcstx dv Temple à Paris, dvran le règne de Henri le Grand, quatrième dv nom, roi de France et de Navarre, l'an de grace mil six cens et dix, par Claude Chastillon Chaalonnois, petit in-folio.

Belle épreuve doublée.

138 — Le remarquable et magnifique bastiment de lhospital Sainct-Louis, constrvit dv règne de Henri le Grand, quatrième du nom, roy de France et de Navarre, l'an 1608, in-folio.

Très belle épreuve.

CHATILLON

139 — La **place** Dauphine construite dans la ville de Paris, durant le règne de Henri le Grand, quatrième du nom, roy de France et de Navarre, petit in-folio.

    Très belle épreuve, grandes marges.

140   Façade et portail d'églises; quatre pièces.

    Très belles épreuves, grandes marges.

CHEREAU (A Paris, chez J.)

141 — Lequel des deux. — Le plus fort me tente; deux pièces ovales faisant pendants.

    Belles épreuves à grand·s marges, une est coloriée.

CHERWIN (J. K.)

142 — The deserted village, 1767.

    Très belle épreuve, marges, encadrée.

CHEVILLET, CARS

143 — *Chardin*, (Jean-Siméon) peintre, in-4 et petit in-folio; deux portraits.

    Belles épreuves, marges.

CHODOWIECKY (Daniel)

144 — *Gœthe*, d'après Kraus, in-8.

    Belle épreuve, grandes marges.

145 — Les aventures de Gil Blas de Santillane, suite de douze pièces in-18, publiées dans un almanach.

    Belles épreuves, sans marges.

CHOFFARD (P. P.)

146 — A la mémoire de Basan, frontispice in-8, an VII. (H. B. 25)

    Belle épreuve, grandes marges.

147 — Pièce commémorative d'un mariage, 1780. (H. B. 119)

    Très belle épreuve du premier état, avec le monogramme dans l'écusson, grandes marges.

148 — Fleurons de titres et en-têtes pour les métamorphoses d'Ovide, 1767 (H. B. 475, 512); vingt pièces.

    Belles épreuves en tirages à part, marges.

149 — Un fleuron de titre et quatre en-têtes pour *Les Saisons* de Saint-Lambert, 1769, in-8. (H. B. 513-517)

    Très belles épreuves en tirage à part, marges.

CIPRIANI (d'après)

150 — Vénus se promenant sur les eaux, par d'Arcos.
Belle épreuve, marges.

COCHIN LE FILS (C. N.)

151 — Vue perspective de la décoration élevée sur la terrasse du château de Versailles pour l'illumination et le feu d'artifice qui a été tiré à l'occasion du mariage de Madame Louise Elisabeth de France, avec Don Philippe second, infant d'Espagne, le 26 aoust 1739, grand in-folio, d'après de Bonneval.
Deux épreuves, dont une à l'eau-forte pure, marges.

152 — *Le Sueur*, (Eustache) peintre. — *Sarrazin* l'aîné, sculpteur ; deux pièces.
Belles épreuves, marges.

COCHIN (d'après C. N.)

153 — *Louis XVI*, allégorie, par de Longueil, in-4.
Très belle épreuve du premier état, à toutes marges.

154 — Sylvie délivrée par Aminte, gravé par Le Bas.
Superbe épreuve avant toutes lettres, grandes marges.

155 — Vignettes in-4 pour la *Jérusalem délivrée*, du Tasse ; soixante pièces.
Belles épreuves, plusieurs sont doubles.

COPIA

156 — Le cruel rit des pleurs qu'il fait verser, d'après P. P. Prud'hon.
Superbe épreuve imprimée en couleur, grandes marges, rare.

COQUERET

157 — Charge de lanciers français, d'après Carle Vernet.
Belle épreuve en couleur, marges.

CORBOULT (d'après)

158 — Un portrait et dix figures in-8 pour *Paul et Virginie*, Ed. Lefèvre, 1830.
Epreuves en double état, eaux-fortes pures et avant la lettre, grandes marges.

CORBUTT (Charles)

159 — Portrait de jeune femme ; in-4 gravé à la manière noire, d'ap. le Titien.
Très belle épreuve, marges

COROT (d'après)

160 — Douze lithographies, par Emile Vernier, d'après Corot, notice par
Philippe Burty. *Paris, Librairie artistique*, 1870, in-folio.
Belles épreuves dans le cartonnage de publication.

COSSIN (L.)

161 — *Chauveau*, (Fr.) peintre ; in-4, d'après Le Febvre.
Deux épreuves en états différents, marges.

COSTUMES (Pièces sur les)

162 — Le seigneur en négligé du matin à la promenade ; gravé à l'eau_
forte.
Très belle épreuve coloriée, grandes marges.

163 — Portraits de personnages en pied, publiés dans le *Plutarque
Français* ; cent quatre-vingt-cinq pièces.
Belles épreuves co'oriées, à toutes marges.

164 — Portraits de femmes in-4 en pied, gravés par Hargrave et publiés
dans le *Court Magazine*, 1842.
Belles épreuves coloriées.

165 — Costumes et scènes militaires, photographies publiées par Goupil ;
dix-huit pièces.

COSWAY (d'après R.)

166 — *Abington*, (Mrs) rôle de Thalie, par F. Bartolonni.
Très belle épreuve, imprimée en bistre, grandes marges.

167 — Docet Amor. par J. Condé.
Très belle épreuve, imprimée en bistre, grandes marges.

168 — *Duff*, (Mrs) par John Agar.
Très belle épreuve, imprimée à la sanguine, grandes marges.

169 — *Fitzherbert*, (Mrs) par John Condé.
Très belle épreuve, imprimée en bistre, à toutes marges.

170 — *Madame Le Brun*, peintre, in-4, au pointillé.
Belle épreuve, grandes marges.

COURBET (d'après G.)

171 - *Champfleury*, (J.) in-4, de profil.
Belle épreuve avant la lettre sur papier de Chine, à toutes marges

COURVOISIER (d'après)

172 — Vues de Paris : Le Jardin des Tuilleries.—La place de la Concorde.
— Le Pont au Change ; trois pièces gravées par Coqueret et Morret.
Belles épreuves coloriées, grandes marges.

COYPEL (d'après A.)

173 — L'alliance de Bacus et de l'Amour, par J. Audran.
Belle épreuve, grandes marges.

COYPEL (d'après Ch.)

174 — Persée délivre Andromède, par L. Surugue, 1732.
Belle épreuve, à toutes marges.

175 — George Dandin. — M. de Pourceaugnac. — L'Ecole des femmes.
— Les Femmes savantes ; quatre pièces par Joullain, *pour les comédies de Molière,* in-4.
Très belles épreuves, marges.

CREPY (A Paris, chez)

176 — La suivante comode.
Très belle épreuve, grandes marges.

DAGOTY (Gautier)

177 — *Louis XV,* frontispice. — *Le comte de Caylus.* — *Fr. Boucher, Salvator Rosa* ; quatre portraits gravés à la manière de lavis.
Belles épreuves, petites marges ; une est imprimée en couleur.

DANIEL (William)

178 — Vue du Palais-Royal, — Vue du Jardin du Palais-Royal ; deux pièces faisant pendants, gravées au trait et coloriées, 1827.
Très belles épreuves, rare.

DANLOUX (d'après)

179 — Je t'en ratisse ? in-4.
Très belle épreuve avant toute lettre, grandes marges.

180 — La Surprise agréable, par Jonxis.
Superbe épreuve avant la dédicace, à toutes marges.

DANZEL (F.)

181 — Le Gage de l'amitié, d'après Bénard.
Belle épreuve, grandes marges, encadrée.

DARCIS

182 — L'Illusion, d'après Mouchet.
Très belle épreuve avant la lettre, grandes marges, encadré.

DAULLÉ (J.)

183 — *Pelissier*, (Mlle) d'après Drouais, pet. in-folio.
Belle épreuve, petites marges.

DAVESNES (d'après)

184 — Les Prunes, composition de forme ovale dans un encadrement orné de guirlandes de fleurs. En bas, une tablette avec médaillon, au milieu duquel est l'amour couché, endormi.
Très belle épreuve à l'état d'eau-forte avancée, grandes marges, très rare.

DEBUCOURT (P.-L.)

185 — Heur et malheur, ou la Cruche cassée, 1787.
Très belle épreuve, avec la marge du cuivre.

186 — Les Compliments, ou la Matinée du Jour de l'An, 1787. — Les Bouquets ou la Fête de la grand-maman ; deux pièces faisant pendants, gravées en couleur.
Superbes épreuves, grandes marges.

187 — L'Orange. — Les Visites ; deux pièces faisant pendants.
Très belles épreuve, marges.

188 — Ils sont heureux, gravure à la manière noire.
Très belle épreuve, marges.

189 — Route de Naples, d'après Carle Vernet.
Très belle épreuve, grandes marges.

190 — Route de Poste, d'après Carle Vernet.
Très belle épreuve, grandes marges.

191 — Anglais en habit habillé, d'après C. Vernet.
Très belle épreuve en couleur, à toutes marges.

192 — Le Kalmuck, d'après C. Vernet.
Très belle épreuve en couleur, à toutes marges.

193 — Le Modèle à Barbe. — Le Chiffonnier ; deux pièces, d'après Carle Vernet.
Belles épreuves imprimées en bistre, à toutes marges.

194 — Rempailleur de chaises (Portrait de Tiercelin), d'après Carle Vernet.
Très belle épreuve en couleur, à toutes marges.

195 — Intérieur de cuisine, d'après Drolling.
Très belle épreuve avant la lettre, le nom de Debucourt à la pointe, grandes marges

DEBUCOURT (d'après)

196 — L'Heureuse Famille, par Robinson.
Très belle épreuve, petites marges.

DE FRAINE (d'après)

197 — L'acte d'humanité, par R. Delaunay.
Très belle épreuve avant la dédicace, grandes marges.

DELACROIX (d'après Eug.)

198 — Partie de son œuvre, publié par Alf. Robaut ; cinquante pièces.
Epreuves à toutes marges.

DELFF (Willem Jacobsz)

199 — *Amaliæ de Solms*, d'après M. Mierevelt, in-folio 1629.
Très belle épreuve, petites marges.

DELLA BELLA (St.)

200 — La perspective du Pont-Neuf de Paris, 1646, in-folio.
Belle épreuve, grandes marges.

DELLA BELLA, BOISSIEU, BRAUWER

201 — Costumes. — Portraits. — Paysages. — Etudes ; douze pièces.
Belles épreuves.

DEMARTEAU

202. — Vénus couronnée par les Amours, d'après Boucher.
Très belle épreuve en couleur, marges, encadrée.

DESENNE (d'après Alex.)

203 — Vignettes in-8, pour les oraisons funèbres de Bossuet et autres,
Ed. Janet ; soixante pièces.
Epreuves avant et avec la lettre, quelques doubles.

DESNOYERS (B.)

204 — La Visitation, d'après Raphael.
Belle épreuve encadrée.

DESORA (d'après Mlle)

205 — Ni l'un ni l'autre, par Fleschman.
Epreuve coloriée, marges, encadrée.

DESRAIS (d'après)

206 — L'amant présent. — La Fille engageante ; deux pièces en médaillons, faisant pendants.
Belles épreuves imprimées à la sanguine, à toutes marges.

207 — Le Billet rendu. — La Fille aperçue ; deux pièces faisant pendants.
Belles épreuves imprimées à la sanguine, à toutes marges.

DESROCHERS (Nic.). DUPUIS (Ch.)

208 — *Coustou* (Nic.), sculpteur. — *Verdier* (Fr). peintre. — *Largil-lière* (Nic. de). peintre; cinq portraits petit in-folio,
Belles épreuves, marges, une est à l'eau-forte pure.

DEVERIA (d'après Ach.)

209 — Portraits et vignettes pour les OEuvres de J. de Lafontaine; trente-cinq pièces.
Epreuves avant et avec la lettre, plusieurs sont à l'eau-forte pure, grandes marges.

210 — Vignettes in-8, pour les 1001 Nuits et les 1001 Jours ; Quarante pièces.
Epreuves sur blanc et sur Chine, à toutes marges,

DEVOSGES (d'après)

211 — Cérès et l'Amour, par Perée.
Belle épreuve imprimée en couleur, a toutes marges.

DIVERS

212 — *Cartouche,* célèbre voleur, trois portraits en pied, en buste, et représenté en prison.
Belles épreuves, dont une avant la lettre.

213 — Allégorie sur l'alliance de Mgr le Dauphin avec l'archiduchesse Marie-Antoinette. — Frontispices et allégories sur Louis XIII, Voltaire et autres; cinq pièces, belles épreuves.

214 — Pièces satyriques sur les Moines et les Religieuses; soixante-quatre pièces sur deux feuilles,
Epreuves à toutes marges.

215 — La pêcheuse d'Amours. — Louis XIV et Mlle de Lavallière. — Suzanne et les Vieillards. — Agar renvoyée par Abraham; quatre pièces.
Belles épreuves en noir et en couleur.

216 — Sujets tirés de galeries diverses; douze pièces.]
Epreuves avant la lettre.

217 — Sujets tirés de la Galerie du Palais-Royal et autres musées; quinze pièces.
Epreuves à l'eau-forte pure, marges.

218 — Sujets tirés de la Galerie de Florence ; vingt-quatre pièces.
Epreuves avant la lettre, à toutes marges.

DIVERS

219 — Titres de Romances, — Portraits de Musiciens. — Sujets variés; environ cent pièces.
Belles épreuves, la plupart avant la lettre sur papier de Chine.

220 — Personnages anciens et modernes, gravés par des artistes du siècle ; environ trois cents portraits (seront vendus par lots).
Epreuves avant et avec la lettre, plusieurs sont a l'eau-forte pure.

221 — Album contenant environ huit cents pièces, par Gavarni, Raffet, L. Boulanger, Gigoux et autres.

222 — Quatre registres et albums de papier blanc ancien.

223 — Un registre papier blanc, teinte verdatre, reliure vélin.

DREVET (P.)

224 — *Fénélon*, (Fr. de Salignac de la Motte), d'après J. Vivien, in-4.
Très belle épreuve, petites marges.

225 — *Girardon* (Fr.), sculpteur. — *Rigaud* (Hy.), peintre, deux portraits in-folio.
Belles épreuves, marges.

226 — *La Bruyère.* — *Rancé*, (M. de) abbé de la Trappe. — *Humières* (Anne-Louise de Crévant d') ; trois portraits in-8.
Belles épreuves, marges.

DU BOURG (d'après L. Fab.)

227 — Vignettes pour les Aventures de Télémaque, 1732, in-4 ; vingt-neuf pièces.
Belles épreuves, neuf sont avant la lettre, rare.

DUCHANGE (G.)

228 — *La Fosse*, (Ch. de) peintre, in-4, d'après Hy. Rigaud.
Deux épreuves, dont une avant toute lettre, petites marges.

DUCLOS

229 — Six vignettes in-8 pour le *Déserteur*, comédie de Sédaine, 1782.
Très belles épreuves à toutes marges.

DUGOURC (d'après D.)

230 — Le lever de la Mariée, par P. Trière.
Superbe épreuve avant la lettre, grandes marges.

DUMOUCHEL (d'après)

231 — Le Bain, par F. Dupin.
Belle épreuve encadrée.

DUPIN

232 — *Marie-Antoinette,* reine de France, in-8.
Belle épreuve, marges.

DUPLESSIS-BERTAUX

233 — Batailles, scènes militaires ; vingt-quatre pièces, in-8.
Belles épreuves avant la lettre et à l'eau-forte pure, à toutes marges.

DUPONCHEL

234 — *Pelletier,* (J.-A.) peintre de portraits, d'après lui-même, grand in-4.
Très belle épreuve à toutes marges.

DUPONT (Henriquel)

235 — Cromwell devant le corps de Charles I··, d'après P. Delaroche.
Belle épreuve avant la lettre, encadrée.

DURAND (Amand)

236 — Eaux-fortes de Paul Potter, reproduites et publiées par Amand Durand, texte par M. G. Duplessis.
Texte et vingt planches, dans le portefeuille de publication.

237 — Eaux-fortes d'Antoine Van Dyck, reproduites et publiées par Amand-Durand, texte par M. G. Duplessis.
Texte et vingt et une planches, dans le portefeuille de publication.

DURMER (R. V.)

238 — Le repos de Diane. — Vénus et Adonis, deux pièces faisant pendants, d'après Nahl et Balen.
Belles épreuves imprimées en couleur, à toutes marges.

DUTAILLY (d'après)

239 — On doit à sa patrie le sacrifice de ses plus chères affections, par Coqueret.
Très belle épreuve en couleur, sans marges.

240 — Médaillons pour l'histoire de Paul et Virginie, gravés en couleur par Guyot ; douze pièces.
Belles épreuves, avec ou sans marges, quelques doubles.

DUTERTRE

241 — *Baquoy,* graveur. — *Baquoy* (Mme), deux portraits in-8.
Belles épreuves avant la lettre, à toutes marges.

DYCK (d'après A. Van)

242 — *Chesterfield*, (Anne, countess of) en pied, par P. V. Gunst, pet. in-folio.
> Belle épreuve, petites marges.

243 — *Tassis*, (Maria-Luissa de) par C. Vermeulen, pet. in-folio.
> Très belle épreuve, petites marges.

EARLOM (Richard)

244 — The Royal academy of arts instituted by the King in the year, 1768, gravé à la manière noire, d'après J. Zoffany.
> Belle épreuve, sans marges.

245 — Le marché aux fruits. — Le marché aux légumes. — Le marché aux poissons. — Le marché au gibier, suite de quatre pièces, d'après Snyders et Long John, gravées en 1775-1783. Ces pièces sont connues sous le nom de ; Les quatre marchés, et encore sous le nom des Quatre éléments.
> Superbes épreuves avant la lettre, grandes marges, très rares dans cette condition.

EAUX-FORTES MODERNES

246 — D'après Marilhat, Decamps, Berchère et autres, trente-quatre pièces, publications de l'*Artiste*.
> Epreuves à toutes marges.

247 — Paysages, sujets de genre, portraits, gravés par Lançon, Wattier, Lalauze, de Goncourt, Gaucherel, Lefort, et autres ; trente-six pièces.
> Epreuves à toutes marges.

248 — Portraits et sujets gravés par Waltner, Gaucherel, Greux, Jacquemart, Courtry, Champollion, Lalauze et autres ; trente-cinq pièces.
> Epreuves a toutes marges.

249 — Onze pièces, par Cuisinier, A. de Roc-Bhian, Saffrey et autres.
> Belles épreuves.

ÉCOLE ANGLAISE

250 — Cecilia Everard. — Sophronia, deux pièces ovales faisant pendants.
> Belles épreuves imprimées en bistre, à toutes marges.

251 — Les mêmes estampes.
> Très belles épreuves imprimées en couleur, à toutes marges.

252 — Le miroir. — La recherche des appas, deux pièces faisant pendants, gravées à la manière noire.
> Belles épreuves, marges.

ÉCOLE ANGLAISE

253 — Contemplation. — Costume militaire. — Sujets gracieux, quatre
pièces, par Rowlandson, Bartolozzi, et autres.

Epreuves en bistre et en couleur.

254 — A Widow. — Jupiter et Caliste. — Sujets gracieux, quatre pièces
gravées par Watson, Burke, Parker et Levilly.

Belles épreuves, petites marges.

ÉCOLE ANGLAISE ET HOLLANDAISE

255 — Dix pièces d'après Patel, Le Poussin, Van Averkamp et autres.

Belles épreuves dont une avant la lettre.

ÉCOLE FLAMANDE

256 — Estampes d'après Rubens, Le Titien, De Boullogne et autres;
dix pièces.

Belles épreuves.

ÉCOLE FRANÇAISE DU XVIII· SIÈCLE

257 — Estampes d'après Chardin, Vernet, Vleugels, Cazenave et autres ;
douze pièces.

Belles épreuves.

258 — Par ou d'après J. Vernet, Lacroix, Fr. Boucher, Lavreince, Die·
tricy, Le Prince et autres ; quinze pièces.

Belles épreuves, six sont avant la lettre.

ÉCOLE FRANÇAISE DES XVIII· ET XIX· SIÈCLE

259 — Onze pièces par Gatine, de Galard, Chaponnier, Massol et
autres.

Epreuves coloriées.

ÉCOLE MODERNE

260 — Sujets religieux, gravés par Richomme, Dien, Girard et autres ;
sept pièces.

Belles épreuves.

261 — Sujets divers publiés par les Aquarellistes français; cent quatorze pièces.

La plupart en épreuves d'artistes sur papier de Chine.

ÉDELINCK (Gérard)

262 — Thèses in-folio avec portrait de Louis XIV. — Dessin attribué à
Callot, représentant le siège de Rocroy, avec portrait du duc d'En-
ghien ; trois pièces.

Epreuves sans marges.

ÉDELINCK (Gérard)

263 — *Fléchier*, (E.), évêque de Nisme. — *Mascaron.* — *Louis XIV.* — Trois portraits in-8.
> Belles épreuves.

EISEN (D'ap. Charles)

264 — Le Bouquet bien reçu, par R. Gaillard.
> Belle épreuve, grandes marges.

265 — Le Concert méchanique, par de Longueil.
> Très belle épreuve d'artiste, avec le cartouche blanc, petites marges.

266 — La même estampe.
> Très belle épreuve du premier état avec le lustre, grandes marges,

267 — La même estampe.
> Belle épreuve du deuxième état avec le lustre effacé, grandes marges.

268 — La Vertu sous la garde de la Fidélité. — Les désirs satisfaits ; deux pièces faisant pendants, gravées par A. Le Beau et Patas, 1772
> Superbes épreuves avant la lettre, marges.

269 — Les désirs satisfaits, par Patas.
> Belle épreuve encadrée.

270 — Le Matin. — Le Midy. — L'Après-Midy. — Le Soir; suite de quatre pièces gravées par de Longueil.
> Belles épreuves, marges, trois planches sont avant les numéros

271 — Le Matin, par de Longueil.
> Très belle épreuve avant le numéro. Marges.

272 — L'Eté. — L'Hiver ; deux pièces par de Longueil.
> Très belles épreuves avant toutes lettres. Marges.

273 — Les plaisirs de l'Eté, par de Longueil.
> Très belle épreuve à l'eau-forte pure, petites marges.

274 — Le Printemps. — La jolie Fermière; deux pièces par de Longueil.
> Très belles épreuves avant les numéros, grandes marges.

275 — Frontispice avec sujet religieux dans le haut et cartouche surmonté d'un chapeau de cardinal, petit in-folio.
> Très belle épreuve à l'eau-forte pure, grandes marges.

276 — Planches refusées pour les contes de Lafontaine, 1762 ; quatorze pièces in-8.
> Belles épreuves, la plupart à toutes marges.

EISEN (D'ap. Charles.)

277 — En-têtes et culs-de-lampe pour l'*Introduction à l'Histoire uni-verselle* par Puffendorf ; Ed. Merigot, 1753 ; quarante et une pièces.
Belles épreuves, en tirages à part ; petites marges.

278 — En-têtes et culs-de-lampes pour les chefs-d'œuvres dramatiques de Marmontel ; dix-huit pièces.
Epreuves en tirages à part ; plusieurs sont en feuilles.

279 — Vignettes et en-têtes pour différents ouvrages du XVIII· siècle ; trente pièces.
Belles épreuves, plusieurs sont avant la lettre, ou en tirages à part.

FESSARD (Et.)

280 — Chaire de la paroisse de Saint-Roch, in-folio d'après S. Challes.
Belle épreuve, marges.

FICQUET (E.)

281 — *Maintenon* (Fr, d'Aubigné marquise de), d'après Mignard, in-8.
Très belle épreuve, tirée sur papier double, grandes marges.

FLAMENG (Léopold)

282 — Un portrait et dix figures in-8 dessinés et gravés à l'eau-forte pour *Manon Lescaut*, Ed. Glady.
Belles épreuves avant la lettre, sur papier Whatmann, in-4, toutes marges.

FLIPART (J.-J.)

283 — *Favart* (Mme), profil in-8, d'après C.-N. Cochin le fils.
Très belle épreuve avant les mots : *Frontispice du tome 5*.

FRAGONARD (Honoré)

284 — Nymphe et Satyre, bas-relief, eau-forte.
Très belle épreuve, petite marge.

FRAGONARD (d'après Honoré)

285 — L'Amour corrigé de ses mutineries, composition ovale gravée **au** pointillé.
Très ebell épreuve avant toutes lettres, imprimée en bistre, grandes marges.

286 — L'Amour ingénieux, — Télémaque et Eucharis ; [deux pièces ovales faisant pendants, gravées par Farcy.
Belles épreuves, grandes marges.

287 — Le Baiser, par G. Marchand.
Belle épreuve, petites marges, encadrée.

FRAGONARD (d'aprés Honoré)

288 — La Bonne Mère, par N. de Launay.
Superbe épreuve à l'eau-forte pure avant l'encadrement, grandes marges, rare

289 — Dites donc s'il vous plait, par N. de Launay.
Belle épreuve, marges. (Les armes sont recouvertes.)

290 — Les Hazards heureux de l'Escarpolette, par N. de Launay.
Superbe épreuve avec la faute au mot « Escarpolettes », à toutes marges, très rare en pareille condition.

291 — L'Heureuse fécondité, par N. de Launay.
Très belle épreuve, petites marges.

292 — Les Jets d'Eau.(Le réveille des filles de Madame..., Mde de modes.) — Les Pétards. (La Nuit des noces) ; deux pièces faisant pendants, gravées à la sanguine, sans noms d'artistes.
Epreuves encadrées.

293 — L'Oracle des Amants, par P. P. Choffard.
Très belle épreuve avant toutes lettres, non entièrement terminee, petite marges.

294 — Le Pot au lait. — Le Verre d'Eau ; deux pièces faisant pendants, gravées par N. Ponce.
Belles épreuves, avant le nom de Marel, marges.

295 — Le Serment d'amour, par Mathieu.
Très belle épreuve à l'eau-forte pure, petites marges.

296 — Le Verre d'eau, par N. Ponce.
Belle épreuve, marges, encadrée.

FRAGONARD (H.), **BOREL** (A.), (d'après)

297 — La Cachette découverte. — J'y passerai ; deux pièces faisant pendants, gravées par R. de Launay.
Très belles épreuves, marges, encadrées.

FRAGONARD FILS (d'après)

298 — Psyché montrant ses richesses à ses sœurs, gravé en couleur par H. Gérard.
Très belle épreuve, grandes marges.

FRANCIQUE (d'après)

299 — Le Peintre, gravé par Le Fèvre.
Belle épreuve, petites marges.

FREUDEBERG (d'après S.)

300 — La Complaisance maternelle, par N. de Launay.
Très belle épreuve avant toutes lettres, grandes marges.

FREUDEBERG (d'après S.)

301 — La même estampe.
Belle épreuve, sans marges.

302 — Les Confidences, par L. Lingée, 1774.
Très belle épreuve, grandes marges.

303 — Le Lever, par Romanet, 1774.
Très belle épreuve, grandes marges.

304 — La Toilette, par Voyez l'aîné, 1774.
Très belle épreuve, à toutes marges.

305 — La Visite inattendue, par Voyez l'aîné, 1774.
Belle épreuve, marges.

FROSNE (I)

306 — *Elbeuf*, (Cath.-Henriette de Vendosme, d^{sse} d') épouse de Charles
de Lorraine, pet. in-folio, d'après P. Vary,
Belle épreuve, petites marges.

GALLE (P.)

307 — Sujets religieux ; huit pièces.
Belles épreuves, petites marges.

GANERE (excudit)

308 — Le Magnifique festin fait à la Nopce de Rolin Trapu et de Catin
Bon-Bec.
Belle épreuve, petites marges.

GANTREL (Et.)

309 — *Bossuet*, (J.-B.) évêque de Coudom, in-8.
Très belle épreuve, petites marges.

GAUCHER (C.-S.)

310 — *Buffon*, in-8, cadre orné.
Deux épreuves, dont une avant la lettre, grandes marges.

311 — *Demoustier*, (Ch. Alb.) in-8, d'après Ducreux.
Deux épreuves, avant et avec l'encadrement, grandes marges.

312 — *Montausier*, (Ch. de Ste-Maure, duc de). — *Nicole* ; deux portraits,
in-8.
Belles épreuves, à toutes masges.

GAULTIER (L.)

313 — *Nemours*, (Anne d'Este Ferrare, duchesse de) in-8.
Belle épreuve, petites marges.

GAULTIER (L.)

314 — *Sonnet de Courval*, (Th.) in-8.
  Très belle épreuve, marges.

GAULTIER (L.) GRANTHOMME

315 — *Pasquier.* (Et.) — *Parme.* (le prince de) — *Charron.* (Pierre).
  — *Sixte V*, pape ; frontispice de livre, cinq portraits.
  Belles épreuves.

GAUTIER

316 — Personnages du Procès de Cadoudal; cent soixante-cinq portraits,
  plusieurs doubles.
  Belles épreuves, la plupart à toutes marges.

GAVARNI

317 — Son portrait. — Sujets divers ; dix pièces.
  Belles épreuves, la plupart sur papier de Chine.

318 — Satan; lithographie in-4.
  Belle épreuve sur papier de Chine, encadrée.

GIGOUX (d'après)

319 — Vignettes sur bois de l'Epoque romantique; douze pièces.
  Epreuves sur papier de **Chine**.

GILLOT (d'après C.)

320 — Fête de Bacchus. — Fête de Diane. — Fête de Pan. — Fête de
  Faune; suite de quatre pièces, gravées par P. de Rochefort.
  Très belles épreuves, trois sont avant les vers.

321 — Les Passions de l'homme; suite de quatre pièces, gravées par
  Audran.
  Epreuves avec marges.

GIRODET (d'après)

322 — Les Amours des Dieux; seize lithographies in-4, 1826.
  Epreuves sur papier de chine, réunies en album.

GOLTZIUS (H.)

323 — L'Adoration des Mages. — Le chien. — La Circoncision; trois
  pièces.
  Originaux et copies.

GOUNOD (P. L.)

324 — *Faivre* (J.-B.-L.) architecte; médaillon in-4, d'après Wicar.
  Trois épreuves de différents états, grandes marges.

GRANDVILLE

325 — Parisiens pittoresques; suite de lithographies coloriées, in-4 en largeur.
Très belles épreuves à toutes marges, rare.

GRAVELOT (d'après H.)

326 — Vignettes in-8, pour les Œuvres de J. Racine, 1767, vingt-cinq pièces.
Belles épreuves, avant et avec la lettre, plusieurs sont à toutes marges,

327 — Figures in-4, pour les Œuvres de Voltaire, 1768, cinq pièces.
Superbes épreuves à l'eau-forte pure, grandes marges, une pièce est avant la lettre.

328 — Vignettes, en-têtes et culs-de-lampe, pour la Jérusalem délivrée, du Tasse; environ cent pièces.
Belles épreuves, la plupart des en-têtes et culs-de-lampe sont en tirages à part.

329 — Trente vignettes, en-têtes et culs-de-lampe, pour la *Secchia Rapita,* par Tassoni; trente pièces.
Belles épreuves, les en-têtes et culs-de-lampe sont en tirages à part.

GREEN (V.)

330 — La reine Philippa sollicitant la vie des six bourgeois de Calais, aux pieds d'Edouard, son mari, 1347. — Mort de Jeanne Gray, 1554; deux pièces faisant pendants, gravées au mezzo-tinto, d'après G. Huck, 1786-1788.
Très belles épreuves, marges. Cadres en bois sculpté.

GREUZE (d'après J.-B.)

331 — Le Fils puni, par R. Gaillard. — L'Accordée du village; deux pièces faisant pendants.
Belles épreuves encadrées (taches d'humidité).

332 — L'Offrande à l'Amour, gravé par C. F. Macret.
Belle epreuve, petites marges.

333 — Le petit Napolitain, gravé par F. R. Ingouf.
Très belle épreuve, grandes marges.

334 — Le Repentir, par Moitte.
Très belle épreuve imprimée en bistre et en couleur, à toutes marges.

335 — Les soins maternels, par Beauvarlet,
Très belle épreuve, grandes marges.

GUYOT

336 — Action courageuse qui a mérité le prix à l'académie d'Amiens en 1786, d'après Texier.
Belle épreuve en couleur, petites marges.

HAMILTON (d'après)

337 — Bob Cherry. — Playing at Thread the Needle; deux pièces, par
Bartolotti.
Belles épreuves, grandes marges.

HEILHMANN (d'après)

338 — Le Bon exemple. — Mlle sa Sœur ; deux pièces faisant pendants,
gravées par Chevillet.
Très belles épreuves, marges.

HEISSIG (Franz)

339 — Allons jouir d'allégresse. — Quoi ? Vous devenez mélancolique ?
Deux pièces, faisant pendants, gravées à la manière noire.
Belles épreuves, grandes marges.

HONERVOGT (I.)

340 — *Louis XIII. — Anne d'Autriche*; deux portraits in-8, avec en-
tourages de fleurs.
Très belles épreuves.

HOUBRAKEN

341 — Le Joueur de vielle, d'après Troost.
Très belle épreuve avaut la lettre, marges.

HUBERT

342 — Honny soit qui mal y pense.
Belle épreuve avec marges.

HUCK (d'après J.-G.)

343 — Drawing for King and Queen. — The wood pigeons; deux pièces
faisant pendants, gravées à la manière noire, par T. Park.
Superbes épreuves, à toutes marges.

HUET (J.-B.)

344 — Son portrait, représenté assis et dessinant; frontispice in-4.
Très belle épreuve imprimée à la sanguine, grandes marges.

345 — Le même portrait.
Belle épreuve, imprimée en bistre, à toutes marges.

346 — Partie de son Œuvre, publié en l'an VII; Cent vingt-cinq planches.
Belles épreuves, la plupart à toutes marges.

HUET (d'après J. B.)

347 — Bacchante et amour; gravé à la sanguine, in-4.
Très belle épreuve, marges

HUET (d'après J.-B.)

348 — Les baigneuses, par Bonnet, en couleur.
Belle épreuve avant la lettre, marges.

349 — Céphale et Procris; gravé en couleur par Bonnet.
Très belle épreuve sans marges.

350 — Ce qui est bon à prendre....., par Alex Chaponnier.
Très belle épreuve avant la lettre, à toutes marges.

351 — Les noces d'Héloïse et d'Abeilard, par Elisabeth Challiou.
Belle épreuve en couleur, grandes marges.

352 — The Swap. — The Balance; deux pièces faisant pendants, gravées en couleur par Bonnet.
Belles épreuves, marges, encadrées.

353 — Vénus et l'amour. — L'amour fouettant sa mère avec des roses; deux pièces ovales faisant pendants, gravées en couleur par Duarwen.
Belles épreuves sans marges, encadrées.

HUET (d'après N.)

354 — Vues du jardin des plantes à Paris; suite de huit pièces gravées à la manière de lavis, par Allais et Aubertin.
Belles épreuves, grandes marges.

ISABEY (d'après J.)

355 — Salle d'exhibition de J. Isabey à Londres; pièce en largeur, gravée à l'aquateinte par W. Bennett.
Belle épreuve, marges.

JACKSON (d'après J.)

356 — Le chapeau de velours, gravé à l'aquateinte par Maille.
Très belle épreuve à toutes marges.

JACQUE (Charles)

357 — *Luquet*, (M. J.) directeur de la société des aqua-fortistes, in-4;
Epreuve à toutes marges.

358 — Eaux-fortes, six pièces.
Epreuves sur papier de Chine, encadrées.

JACQUE, Ch.) **LELEUX, JOHANNOT** (d'après)

359 — Scènes de la Vendée; vingt-six pièces.
Epreuves avant la lettre sur papier de Chine.

JANINET (F.)

360 — *Dugazon*, (Mme) — *Guimard*. (Mlle) — *Lecouvreur*, (Adrienne) — *Le Kain*; quatre portraits in-8 en couleur.
Très belles épreuves, marges, glomisées.

361 — Compositions en forme de boutons; vingt-cinq pièces sur la même feuille.
Très belles épreuves en couleur.

362 — Environs de Gênes, d'après Houel, 1774.
Très belle épreuve en couleur, grandes marges.

363 — Estampes in-8 gravées à la manière de lavis *pour les principaux événements de la Révolution française*, 1789; quarante deux pièces.
Belles épreuves avec marges.

364 — La valeur récompensée. (Allégorie)
Belle épreuve imprimée en bistre, marges.

JANINET et CHAPUIS

365 — Vues de Paris, d'après Durand, Garbizza et autres, gravées à la manière de lavis; cent neuf pièces.
Belles épreuves à toutes marges.

JEAURAT (d'après Et.)

366 — L'amour Coquet. — L'amour petit maître; deux pièces faisant pendants, gravées par son frère en 1732.
Très belles épreuves à toutes marges.

JEAURAT, (E.) KLAUBER (I. S.)

367 — *Puget*, (Pierre) sculpteur. — *Vleugels*, (N.) peintre, d'après A. Pesne. — *Allegrain*, sculpteur, d'après Duplessis; trois portraits petit in-folio.
Belles épreuves, marges.

JOHANNOT (d'après A.)

368 — Le Plaisir. — Le Jeu. — L'étude; trois lithographies en couleur.
Belles épreuves sans marges, encadrées.

JOHANNOT (Tony)

369 — Six portraits sur acier et trente figures in-8 gravées sur bois pour *Paul et Virginie*, Ed. Curmer.
Belles épreuves sur papier de Chine.

JOULLAIN

370 — Histoire du théâtre italien, par Riccoboni; titre et dix-sept planches de costumes, 1728, grand in-8.
Très belles épreuves, marges.

JUBIER

371 — Le berger surpris, gravé en couleur, d'après Sarrazin.
Belle épreuve, marges.

JULIEN (J. L.)

372 — L'amour en réquisition.
Belle épreuve en couleur, marges.

KOLB (à Augsbourg, chez Ch.)

373 — Portrait de Mandrin, orné des principales scènes de sa vie, avec légende en allemand, petit in-folio.
Belle épreuve, rare.

LAFFITE (d'après)

374 — Vignettes in-8 pour les œuvres de Destouches; quarante pièces.
Belles épreuves, plusieurs sont doubles.

LAGRENÉE (d'après L. de)

375 — Les Grâces lutinées par les amours. — Les amours enchaînées par les Grâces; deux pièces faisant pendants, gravées par L. S. Lempereur.
Belles épreuves, une est avant la lettre, grandes marges.

LANCRET (d'après N.)

376 — Le feu, gravé par B. Audran.
Belle épreuve, petites marges,

377 — Le matin. — Le midi. — L'après-dinée. — La soirée; suite de quatre pièces gravées par de Larmessin.
Belles épreuves encadrées

LANDRY (P.)

378 — *Louis XIV*, in-8, tête laurée, 1665.
Très belle épreuve du premier état avec les quatre vers, petites marges, rare.

LANGLOIS (P.-G.)

379 — *Du Chatelet* (Mme). — *Frédéric II.* — *Vertot.* — *Pierre Ier*; douze portraits in-8 et in-4.
Très belles épreuves avant et avec la lettre, grandes marges, rare.

LARMESSIN (de)

380 — *Jean Dorat*, in-4. — *Mazarin*, in-8, deux portraits.
Belles épreuves.

LARMESSIN (de), LENFANT, LEPICIÉ

381 — *Bion*, (N.) ingénieur. — *Bertin*, (Nic.) peintre. — *Vleughels fils*, (Nic.), peintre. — *Blasset*, (Nic.) architecte. — *Boullongne*, (L. de) peintre; cinq portraits.
Belles épreuves.

LASNE (M.)

382 — *Jacques Callot.* — *J. Cousinot,* chirurgien. — *Villeroy,* (N. de
Neuville, sieur de). — *Duval,* (André). — *Moreau,* (René) médecin ;
cinq portraits in-8.
Belles épreuves, marges.

383 — *Muis* (Siméon de). — *Isambert* (Nic.). — *Rioland,* (Jean) médecin ; trois portraits in-4.
Belles épreuves, marges.

384 — *Rabelais,* (François) in-8.
Très belle épreuve.

385 — *La Rocheposay,* (H. L. Castan de) abbé de Saint-Cyprien de Poitiers, 1600, à 23 ans ; in-18.
Très belle épreuve, grandes marges (de la collection Mariette)

LAUNAY (N. de)

386 — *Leclerc fils,* (Sébastien) peintre, grand in-4 d'après Nonnotte.
Deux épreuves, marges.

387 — *Troy,* (J. Fr. de) peintre, in-folio, d'après Aved.
Belle épreuve avant la lettre, les noms d'artistes a la pointe, grandes marges.

LAUNAY (R. de)

388 — *Graffigny* (Fr. d'Happoncourt de), in-18.
Deux épreuves à toutes marges, une est avant la lettre.

389 — *Voisenon* (Fusée de), in-18, d'après Vispré.
Très belle épreuve avant toute lettre, grandes marges.

LAURENS (Jules)

390 — Paysage, d'après Bonington, paru dans les *Artistes contemporains*;
quatre-vingt-dix épreuves.
Papier de Chine, à toutes marges

LAVREINCE (d'après N.)

391 — L'assemblée au concert. — L'assemblée au salon, deux pièces faisant pendants, gravées par Dequevauvillers. (E.-B. 5 et 6).
Superbes épreuves, grandes marges.

392 — La Balançoire mystérieuse, par Vidal (9.)
Très belle épreuve avant la lettre et avant le flot, marges.

393 — Le billet doux. — Qu'en dit l'abbé ? deux pièces faisant pendants,
gravées par N. de Launay. (10 et 51.)
Superbes épreuves, grandes marges. L'épreuve de Qu'en dit l'abbé ? la seule de la
suite où il y ait des différences dans les inscriptions, est avant que la suivante : graveur
du roi de France et de Danemark, à la suite du nom de De Launay, ait été remplacée
par celle de : graveur *des* rois de France et de Danemark. Très rare.

LAVREINCE (d'après N.)

394 — Le billet doux, par N. de Launay. (10.)
Belle épreuve d'un ancien tirage, petites marges.

395 — La comparaison, par Janinet. (12.)
Très belle épreuve imprimée en couleur, marges.

396 — Le concert agréable, par C. N. Varin. (13.)
Très belle épreuve, marges.

397 — Le coucher des ouvrières en modes, par Dequevauvillers. (16.)
Belle épreuve, remargée.

398 — L'école de danse, par Dequevauvillers. (22.)
Belle epreuve, marges.

399 — Le Mercure de France, par Guttenberg. (38.)
Très belle épreuve, marges.

400 — Les Nymphes scrupuleuses, par Vidal. (42.)
Très belle épreuve avant toutes lettres et avant la guirlande, marges.

401 — La même estampe.
Epreuve avec la lettre, petites marges.

402 — Le retour trop précipité, par J.-A. Pierron. (54.)
Très belle épreuve, petites marges.

403 — La sentinelle en défaut, par Darcis. (58.)
Belle épreuve coloriée du premier état avec les armes et la dédicace, marges.

404 — La soubrette confidente, par Vidal. (61.)
Très belle épreuve, marges.

405 — Le séducteur, par N. de Launay. (E. B. 7 des pièces attribuées.)
Très belle épreuve à l'eau-forte pure, sans marges.

LAVREINCE (attribué à N.)

406 — The Grove. — The Green plot; deux pièces faisant pendants.
Belles épreuves, grandes marges.

LAWRENCE (d'après S. Th.)

407 — *Peel,* (Lady) gravé à la manière noire, par W. Giller.
Très belle épreuve, à toutes marges.

408 — *Wallsivurt,* (Lady) gravé à la manière noire, par H. Philips.
Très belle épreuve, à toutes marges

LE BARBIER (d'après)

409 — Le mari dupé et content. — La prudence en défaut; deux pièces faisant pendants, gravées par Patas.
Belles épreuves avant la lettre, coloriées, marges, encadrées.

410 — La prudence en défaut, par Patas.
Superbe épreuve à l'eau-forte pure, à toutes marges.

411 — La Vénus aux colombes. — La jeune Vestale; deux pièces faisant pendants, gravées en couleur par Janinet.
Superbes épreuves avant la lettre, grandes marges.

412 — Vignettes in-8 pour les œuvres de J. Racine, 1796; vingt-cinq pièces.
Epreuves avant et avec la lettre, deux planches sont à l'eau-forte pure.

413 — Vignettes in-18 pour les œuvres de Florian, trente-cinq pièces.
Belles épreuves à toutes marges, deux planches pour Galatée, sont avant la lettre.

LE BAS (J. P.)

414 — Livre de divers paysages pour apprendre à dessiner à la plume, composé et gravé par J. Le Bas, titre et sept planches in-4.
Belles épreuves, grandes marges.

LE BEAU

415 — *Du Barry*, (Mme la comtesse) d'après Marilly, in-8.
Très belle épreuve avant le numéro, grandes marges.

416 — *Pompadour*, (Mme la marquise de) d'après Queverdo, in-8.
Très belle épreuve avant le numéro, à toutes marges.

417 — La faible résistance ou le verrou. — L'amant victorieux, suite du verrou; deux pièces faisant pendants, gravées par Binet et Denzel.
Belles épreuves, marges, encadrées.

418 — La sollicitation amoureuse, 1773.
Très belle épreuve, marges, encadrée.

LEBRUN (d'après)

419 — L'intrigue découverte, par Le Beau.
Belle épreuve, marges.

420 — L'intrigue découverte, par Voysard.
Très belle épreuve avec les noms d'artistes gravés à la pointe, grandes marges.

LEBRUN (d'après Mme Vigée)

421 — *Mérard de Saint-Just*, (S. P.) gravé par Superchy, in-12.
Très belle épreuve, à toutes marges.

LE CLERC (d'après J.)

422 — La vie de l'enfant prodigue, suite de six pièces, gravées par Gaillard, Basan, Teucher, de F..., Moitte et Bazin.
Belles épreuves, marges.

423 — L'heureuse esclave, par Deny.
Très belle épreuve, grandes marges.

LE CŒUR

424 — *XXV frimaire, an XIII.* (16 décembre 1804) Fête du sacre et couronnement de leurs Majestés Impériales.
Belle épreuve en couleur, petites marges (doublée.)

LEFÈVRE (d'après)

425 — Vignettes in-18 pour Don Quichotte et Manon Lescaut; vingt et une pièces.
Epreuves avant la lettre et en contrepartie, plusieurs sont coloriées, marges-

426 — Vignettes in-18 pour les lettres d'une Péruvienne, de Mme de Graffigny; cinq pièces;
Belles épreuves avant la lettre et à l'eau-forte pure, grandes marges.

LEGRAND (Aug.)

427 — Le rossignol, conte de La Fontaine.
Belle épreuve, marges.

LEGROS (A.)

428 — *Champfleury*, (J.) conservateur de la manufacture de Sèvres; in-4, lithographie.
Belle épreuve avant la lettre sur papier de Chine, à toutes marges.

LE MESLE (d'après P.)

429 — Le Cuvier, par Fillœul.
Belle épreuve, avec l'adresse de Buldet, marges.

LE PRINCE (d'après J. B.)

430 — Le bonheur du ménage, gravé par N. de Launay.
Très belle épreuve, marges.

LESPINASSE (d'après le chevalier de)

431 — Vue du Palais Royal, des galeries et du jardin; petit in-folio gravé par Varin.
Belle épreuve, grandes marges.

LE TELLIER

432 — *Valayer Coster*, (Mme Anne) de l'Académie royale de peinture, dessinée par elle-même, in-4.
Superbe épreuve avant toutes lettres, marges, rare.

LEU (Th. de)

433 — *Montaigne,* (Michel de) in-8.
Belle épreuve, marges.

434 — *Nemours.* (Jacques de Savoie, duc de) (467)
Belle épreuve du deuxième état, avec la tête chauve, petites marges

435 — *Passerat,* (Jean) in-8.
Très belle épreuve.

LEVACHEZ

436 — Personnages de la Révolution, gravés à la manière de lavis, avec scène au bas gravée par Duplessis-Bertaux ; dix-huit portraits.
Très belles épreuves à toutes marges, dans les couvertures de publication.

LEVASSEUR

437 — *Levasseur,* graveur, in-4, d'après J.-B. Greuze.
Très belle épreuve avant toute lettre, marges.

438 — Le chaudronnier. — Le raccommodeur de fayance, deux pièces faisant pendants.
Belles épreuves, marges.

LINGÉE (Mme)

439 — *Jarente d'Orgeval,* (L.-F.-Alexandre de) évêque d'Olba, coadjuteur de l'évêché d'Orléans, d'après C. N. Cochin, in-4.
Très belle épreuve, grandes marges.

440 — *Villette,* (Mme la marquise de) surnommée Belle et Bonne par Voltaire, d'après Pujos, in-4.
Très belle épreuve, grandes marges.

441 — Le même portrait.
Superbe épreuve avant la lettre, grandes marges, très rare.

LITHOGRAPHIES

442 — *Mohamed-Ali,* pacha. — Etudes de chevaux. — Paysages, par C. Vernet, Français et autres ; vingt pièces.
Belles épreuves.

443 — Par ou d'après C. Delacroix, Bellangé et autres ; dix-sept pièces.
Bonnes épreuves, la plupart sur papier de Chine.

444 — D'après Girodet, Israëls, Th. Rousseau, Roqueplan et autres ; quatorze pièces.
Belles épreuves, la plupart sur papier de Chine.

LITHOGRAPHIES

445 — Sujets divers, par ou d'après Mouilleron, C. Nanteuil, J.-P. Laurens, Roqueplan, P. Huet, Gigoux, Charlet, Decamps, J. Dupré, A. de Dreux et autres, environ deux cents pièces. (Seront vendus par lots.)

LITTRET

446 — *Louis*, dauphin. — *Marie-Josèphe de Saxe*, dauphine, deux portraits faisant pendants, in-4.

Belles épreuves, à toutes marges.

LOCHOM (Mich. Van)

447 — *V.-M. Antonia d'Orléans.* — *Vendosme* (duc de). — *Longueville* (duc de). — *Elbeuf* (duc d'). — *Espernon* (J. L. de Nogaret, duc d'). — *Gondy* (J. Fr. de). — *Valette* (L., cardinal de la); sept portraits.

Belles épreuves, marges.

LUCAS (Cl.)

448 — Plan en élévation de la ville de Soissons et des environs, 1747, in-folio.

Belle épreuve, grandes marges.

MALLET (d'après)

449 — L'Aurore, gravé en couleur par Testard.

Belle épreuve, petites marges.

450 — Le bain. — Le lever. — La frileuse. — La somnambule; suite de quatre pièces.

Epreuves avec marges.

MARADAN

451 — Le serment conjugal. — Diane au bain; deux pièces.

Belles épreuves, une est avant la lettre.

MARE (T. de)

452 — *Fragonard*, (Honoré) d'après Carpentier, in-8.

Deux épreuves dont une à l'eau-forte pure, toutes marges.

MARIETTE

453 — *Montluc* (Blaise de). — *Morin* (J.-B.), médecin. — *Pomponne de Bellièvre.* — *Mazarin*; cinq portraits, in-8.

Belles épreuves, marges.

MARILLIER (d'après)

454 — Vignettes in-18 pour les œuvres de J.-J. Rousseau; dix-huit pièces.

Très belles épreuves avant la lettre, la plupart sont en feuilles.

MARILLIER (d'après)

455 — Vignettes in-8 pour les contes de Boccace, Ed. de Mirabeau, 1802;
sept pièces.
Belles épreuves avec marges.

MARIN (L.)

456 — L'espoir d'un heureux jour. — Les revers de la fortune; deux
pièces faisant pendants gravées en couleur d'après Bonnieu.
Très belles épreuves à toutes marges.

457 — The milk woman. — The Pretty Nocsgay Garle, d'après Greuze,
deux pièces faisant pendants, gravées en couleur avec encadrements or.
Très belles épreuves, marges.

MARLET

458 — Les tableaux de Paris, quarante-six lithographies in-4 en largeur,
Belles épreuves.

MARTENASIE (P.)

459 — L'enlèvement des Sabines, d'après P.-P. Rubens.
Très belle épreuve avant toutes lettres, marges.

MASSARD (L.)

460 — *Bonnat*, (L.) peintre, in-4.
Très belle épreuve avant la lettre sur papier de Chine, à toutes marges.

MASSÉ, (J.-B.) **MASSON**, **MULLER**

461 — *Coypel*, (Ant.) peintre. — *Dupuis*, (P.) peintre. — *Galloche* (Louis).
trois portraits in-folio.
Belles épreuves.

MATHONIER (Nic. de) excudit

462 — *Louis XIII*. — *Anne d'Autriche*. — *Grégoire XV*, pape; trois
portraits in-8.
Belles épreuves.

MÉCHEL (Chr. de)

463 — Son portrait gravé par lui-même, in-8.
Très belle épreuve avant toute lettre, marges.

MEISSENS (J.)

464 — *Louis XIII*, in-8.
Très belle épreuve.

MELLAN (Cl.)

465 — *Lesdiguières* (Ch. de Crequy, duc de). — *Naudé* (Gab.). — *Blac-
wood* (H.); quatre portraits in-8 et in-4.
Très belles épreuves, marges.

MEYER (d'après Fr.)

466 — La chute dangereuse, par N. de Launay.
Belle épreuve, marges.

MEYER (P.)

467 — Vieille femme coiffée d'un bonnet de fourrure, donnant à manger
à un chat, petit in-folio à la manière noire, d'après Hontorst, 1792.
Très belle épreuve avant la lettre, marges.

MIGER (S. C.)

468 — *Vien*, (J.-M.) peintre, d'après Mme Gérard. — *Hubert Robert*,
peintre, d'après Isabey ; deux portraits grand in-4.
Belles épreuves, une est avant la lettre, grandes marges.

MILCENT

469 — Vue de Paris, du côté de Belleville, in-folio en largeur, 1726.
Epreuve avec petites marges.

MILLER (E. F.)

470 — Groupe de sept arbres. — Un pont ; deux pièces gravées à l'eau-
forte.
Très belles épreuves d'artiste sur papier du Japon, signées du graveur.

MIXELLE LE JEUNE

471 — Paul et Virginie, d'après Lambert.
Belle épreuve, imprimée en couleur, petites marges.

MOITTE (d'après)

472 — Le Roi d'Ethiopie abusant de son pouvoir, par Vidal.
Belle épreuve, marges, encadrée.

473 — L'Infidélité reconnue, par Dambrun.
Belle épreuve avant la lettre, sans marges, encadrée.

MONGIN (d'après)

474 — Vue du Labyrinthe ou Belvédère du Jardin des Plantes. — Vue
du Pont qui conduit à la Tour du gouvernement, dans le Jardin des
Mousseaux. — Vue de l'entrée des Thuileries et des bâtiments de la
place de la Concorde ; trois pièces, gravées en couleur par
Chapuy.
Belles épreuves, grandes marges.

MONNET (d'après Ch.)

475 — Les Baigneuses surprises, par Vidal.
Epreuve avant la lettre et avant la boucle de cheveux (collée sur carton).

476 — Salmacis et Hermaphrodite, gravé par G. Vidal.
Belle épreuve, grandes marges, encadrée.

MONSALDI

477 — *Dugazon,* (Mme) d'après Isabey, in-8.
Superbe épreuve avant toutes lettres, en feuille, rare.

478 — *Marie-Louise,* (L'impératrice), ovale in-8, d'après Isabey.
Superbe épreuve avant toutes lettres, imprimée en **bistre**. (La marge du bas es
coupée.)

479 — Vue de Paris, Prise du Pont-Neuf représentant le Pont des Arts,
petit in-folio, d'après Garbizza.
Très belle épreuve, grandes marges,

MORACE (E.)

480 — *Müller,* (J.-G.), graveur, petit in-folio, d'après Tischbein.
Belle épreuve avant la lettre, marges.

MOREAU LE JEUNE (J.-M.)

481 — La Cathédrale d'Orléans, d'après Drouard. (E. B. 855.)
Belle épreuve, marges.

482 — Constitution de l'Assemblée nationale à Versailles, le 17 juin
1789. (203.)
Très belle épreuve avant que les noms des membres composant l'Assemblée aient été
gravés dans la marge du bas, grandes marges, rare.

483 — Bethsabée au bain, d'après Rembrazdt. (224)
Très belle épreuve avant toutes lettres, grandes marges.

484 — Coiffures de femmes du XVIIIᵉ siècle. — Appareils pour redres-
ser la tête ; deux pièces gravées à l'eau-forte. (E. B, 857, 858.)
Superbes épreuves, très rares ; ces pièces ont été publiées dans le *Journal de Paris.*

485 — Statuts et Règlements de la Comédie-Française, d'après Renou,
in-8.
Superbe épreuve à l'eau-forte pure, marges, rare.

MOREAU LE JEUNE (d'après J.-M.)

486 — *Bonaparte,* premier consul, dans un encadrement ayant servi au
portrait de la reine Marie-Antoinette.
Trois épreuves en différents états, réunion rare.

487 — Arrivée de J.-J. Rousseau aux Champs-Elisées, par C.-F. Macret.
Belle épreuve, marges.

488 — Vignettes in-8, pour les œuvres de Molière, Ed. Bret, 1773, trente
pièces.
Belles épreuves, marges, in-8.

MOREAU LE JEUNE (d'après J.-M.)

489 — Trois figures in-8, pour le *Voyage de l'Isle de France*, par B. de
Saint-Pierre, 1773. (E. B. 1530, 1532.)
Superbes épreuves à l'eau-forte pure, grandes marges.

490 — Le Printemps. — L'Automne ; deux figures *pour les Saisons*
de Saint-Lambert, 1775.
Belles épreuves avant la lettre, marges.

491 — *Seconde suite d'estampes,* pour servir à l'histoire des modes et du
costume en France, dans le XVIII· siècle. *Paris, chez Moreau,*
1776, in-8.
Réduction en contre-partie des douze estampes in-folio du Monument de costume,
très belles épreuves, marges.

492 — Vignettes in-4, pour la Henriade 1782; neuf pièces.
Belles épreuves avant la lettre, marges.

493 — Un frontispice et quatre vignettes in-18, pour l'*Almanach histo-
rique de la Révolution française,* par Rabaut, 1792.
Très belles épreuves avant la lettre, à toutes marges.

494 — Vignettes in-8, gravées par Dupréel, pour les œuvres de J.-J.
Rousseau ; environ cent pièces.
Belles épreuves, la plupart à toutes marges, quelques doubles.

495 — Huit vignettes in-18 ~~strangpontrait~~ pour l'Histoire de Psyché et
Adonis, Ed. Didot 1797.
huit exemplaires en feuilles, du premier tirage.

496 — Figures in-8 pour le Nouveau Testament, environ cent vingt
pièces 1793-1798.
Belles épreuves, la plupart sont à toutes marges.

497 — Figures in-4 pour l'*Enéide* de Virgile. Ed. Giguet et Michaud,
1804 ; quatre pièces.
Très belles épreuves avant la lettre, à toutes marges.

498 — Vignettes in-8 pour les œuvres de P. et T. Corneille. Ed. Renouard ; vingt-deux pièces.
Très belles épreuves avant la lettre, quelques-unes sont doubles.

499 — Un portrait par Aug. de Saint-Aubin, et onze vignettes in-8, pour
les œuvres de J. Racine. Ed. Renouard.
Belles épreuves avant la lettre et à l'eau-forte pure. (Quelques doubles.)

500 — Vignettes pour les œuvres de Fielding, 1833 ; six pièces.
Belles épreuves avant la lettre et à l'eau-forte pure.

MOREAU LE JEUNE et A. DESENNE (d'après)

501 — Figures in-18, pour Paul et Virginie;. *Paris, Deterville*, 1816 ;
quatre pièces.
Épreuves avant et avec la lettre, ensemble huit pièces, marges.

502 — Vignettes in-8, pour les Fabliaux et Contes de Legrand d'Aussy ;
vingt-deux pièces.
Belles épreuves avant la lettre, quelques doubles.

MOREAU LE JEUNE et FREUDEBERG

503 — Vignettes in-12 pour la réduction du *Monument du costume
Physique et Moral* et des *Tableaux de la bonne compagnie* 1776.
Belles épreuves des planches originales et des copies.

MOREAU LE JEUNE et LE BARBIER

504 — Suite de un portrait par Aug. de Saint-Aubin et trente-sept
figures in-4 pour les Œuvres de J.-J. Rousseau; éd. de Londres, 1774.
Belles épreuves sur papier fort, grandes marges.

MORLAND (d'après G.)

505 — Dancing Dogs — Guinea Pigs; deux pièces faisant pendants,
gravées par F. Gaugain.
Très belles épreuves, imprimées en bistre, grandes marges.

506 — Histoire de Lœtitia, suite de six pièces, gravées par Bartolotti.
Belles épreuves, toutes marges (légers raccommodages).

MONSIAU (d'après)

507 — Le Départ d'Adonis pour la chasse, gravé en couleur, par Mme de
Monchy.
Belle épreuve, marges, encadrée.

508 — Estampes pour les Œuvres de J.-J. Rousseau, Ed. Defer de Mai-
sonneuve ; trente-quatre pièces.
Belles épreuves, plusieurs sont avant la lettre, quelques doubles.

NATTIER (d'après J.-M.)

509 — La Belle Source (*Madame de Châteauroux*) par Meliny.
Très belle épreuve, grandes marges.

510 — Madame *Louise-Elisabeth de France*, duchesse de Parme (La
Terre). — Madame *Adelaïde de France* (L'Air). — Madame *Marie-
Louise-Thérèse-Victoire de France* (L'Eau). — Madame *Marie-
Henriette de France* (Le Feu); quatre pièces gravées, par Balé-
chou, J, Beauvarlet, R. Gaillard et J. Tardieu.
Belles épreuves, grandes marges.

NATTIER (d'après J.-M.)

511 — *Marie Leckzinska*, reine de France, gravé par **J.** Tardieu; petit in-folio.

> Belle épreuve, petites marges.

NICOLLET (B.-L.).

512 — *Levoulteux du Moley* (Sophie), en-tête pour une sonate; d'après Cochin le fils.

> Belle épreuve en tirage à part, petites marges.

ODIEUVRE (à Paris chez)

513 — *Charles-Emmanuel III*, roi de Sardaigne. — *Forbin* (comte de). — *Houdart de la Motte.* — *Lafosse* (Charles de). — *Lulli.* — *Liebnitz.* — *Quirini.* — *Sanadou* et autres; dix portraits.

> Belles épreuves avant la lettre, remargées.

ORNEMENTS

514 — Album contenant environ 500 motifs de sellerie : harnachements, écussons, voitures, etc., sur cinquante-six feuilles ; cartonné.

515 — Suite de dix planches d'encadrements ; inventées et dessinées par Martinet.

> Epreuves à toute marge dans la couverture de publication.

516 — Papier ancien, à fleurs et gaufré doré à personnages, trente-neuf feuilles.

PALLIÈRE (J.).

517 — Le Tonnelier.

> Belle épreuve, marges.

PARIS (Pièces sur).

518 — Plans de Paris des XVI· XVII· XVIII· et XIX· siècles, gravées en France et à l'étranger ; soixante-dix pièces.

> Plusieurs sont très rare.

519 — Eglises. — Couvents. — Vues des monuments et intérieurs ; trente-quatre planches anciennes et modernes.

> Belles épreuves, plusieurs sont coloriées.

520 — Eglise métropolitaine de Notre-Dame ; vingt-neuf pièces anciennes et modernes.

> Belles épreuves.

521 — Le palais du Louvre, plans, coupe et élévation des différentes façades ; quatre-vingt-cinq pièces anciennes et modernes.

> Belles épreuves, réunion rare.

PARIS (pièces sur)

522 — Le palais des Tuilleries, vues du monument, de l'Arc de Triomphe, des jardins, etc.; quarante-neuf pièces anciennes et modernes.
Belles épreuves, plusieurs sont coloriées.

523 — View of Paris, from Mont Martre; in-folio en largeur, 1803.
Épreuve avec petites marges.

524 — Vues panoramiques de Paris, prises de monuments ou des environs, planches diverses ; cinquante pièces anciennes et modernes.
Belles épreuves, plusieurs sont coloriées.

PAROY (Comte de)

525 — Les Antiques, composition de forme ronde, pour guéridon.
Très belle épreuve à toutes marges.

PASSE (Crispin de)

526 — Princesses des maisons de Lorraine, d'Espagne et de Nassau ; six portraits.
Très belles épreuves, marges.

PATAS

527 — Costumes du sacre de Louis XVI; environ trente portraits en pied, avec le texte explicatif, broché.

PATAS (d'après)

528 — Six vignettes in-8 pour le *Huron*, comédie, 1772.
Très belles épreuves, grandes marges.

PATER (d'après J.-B.)

529 — Le désir de plaire. — Le plaisir de l'Eté, deux pièces faisant pendants gravées par L. Surugues.
Epreuves encadrées.

530 — L'essay du bain, par Voyez.
Très belle épreuve, petites marges.

531 — La matrone d'Ephèse ; *à Paris chez Mason.*
Belle épreuve, petites marges.

PATER, LANCRET (d'ap.)

532 — Sujets pour les contes de Lafontaine, dix-huit pièces des reproductions de Lemonnyer.
Epreuves encadrées.

PEAKE (Robert)

533 — *Henriette-Marie. — Charles Ier*, roi d'Angleterre, deux portraits en médaillons, sur la même feuille, in-8.
Belle épreuve.

PERIN (d'après)

534 — Figures in-8 pour le *Répertoire du Théâtre Français*, trente-cinq
pièces.
Belles épreuves avant et avec la lettre, grandes marges.

PERRONEAU (J.-B.)

535 — La Terre, d'après Ch. Natoire.
Très belle épreuve, grandes marges.

PETIT (à Paris chez)

536 — *Mandrin* (Louis), né à Saint-Etienne, célèbre voleur. in-8.
Très belle épreuve, grandes marges.

PEZARD (M.)

537 — Pomona, d'après Cipriani.
Belle épreuve imprimée en bistre, marges.

PHOTOGRAVURES

538 — Sujets militaires d'après Detaille, Protais, Dupray, A. de Neuville
et autres ; vingt pièces publiées par Goupil.
Epreuves sur papier de Chine.

PICART (B.)

539 — *Louis XIV*, in-8 d'ap. H. Rigaud.
Très belle épreuve, grandes marges.

PICOT (N.-M.)

540 — La Vue. — Le Toucher ; deux pièces faisant pendants, 1782.
Superbes épreuves avant la lettre, imprimées en couleur, grandes marges, rare
enca frées.

540 *bis.* — Le Toucher.
Très belle épreuve imprimée à la sanguine, grandes marges.

PIÈCES HISTORIQUES

541 — Massacre de Vassi, fait le 1er mars 1562, petit in-folio sans nom
d'artiste.
Belle épreuve, marges.

542 — Etats tenus à Blois, pièce in-4 en largeur, gravée au trait.
Belle épreuve, marges.

543 — Massacre de la Saint-Barthélemy. — Assassinat de Henri IV ;
deux pièces in-4 en largeur, avec légende en hollandais.
Belles épreuves, grandes marges.

544 — Entrée d'Henry IV dans Paris, in-4.
Belle épreuve, marges.

PIÈCES HISTORIQUES

545 — Entrevue de Louis XIV, roy de France et de Navarre, et de Phi-
lipppe IV, roi d'Espagne dans l'Isle des Faisans, en l'année 1660,
gravée par Jeaurat, d'après Ch. Le Brun.

Très belle épreuve du premier état, avec l'adresse de Jeaurat, petites marges.

546 — Supplice de Anne du Bourg. — *Ch. Roger* au pilori. — Pièces
sur la Révolution. — Retour de Louis XVIII, etc.; dix-huit pièces.

547 — La Lorraine réunie à la France. — Les nouvelles portées au roi
d'Espagne. — Retraite de Meaux. — Pièce sur les ballons, etc.; six
pièces.

Belles épreuves.

548 — Tableau de la Grande Semaine de 1830. — Scènes militaires. —
Sujets divers ; onze pièces.

Belles épreuves.

PIRINGER (B.)

549 — Vue de la ville d'Orléans prise des Capucins, d'après Salmon, 1807.

Belle épreuve, grandes marges.

POILLY (Nic.)

550 — *Langlois*, (Fr.) dit de Chartres, libraire et marchand d'estampes
à Paris, d'après A. Van Dyck, in-8.

Belle épreuve, marges.

PREISLER (V. D.)

551 — *Preisler*, (J.-J.) peintre, petit in-folio à la manière noire, d'après
lui-même.

Très belle épreuve, marges.

PRÉVOST (L.)

552 — Corinne au cap Micène, d'après F. Gérard.

Très belle épreuve avant la lettre, encadrée.

PRUD'HON (d'après P. P.)

553 — *Mayer*, (Mlle) lithographie par Sirouy, in-8.

Belle épreuve avant la lettre sur papier de Chine, a toutes marges.

554 — L'enlèvement de Psyché, par H. C. Muller.

Très belle épreuve avant la lettre, sur papier de Chine, à toutes marges.

555 — Le naufrage de Virginie, gravé par B. Roger, in-8.

Deux épreuves avant la lettre et à l'eau-forte pure, grandes marges, rare.

556 — La vengeance de Cérès, par Copia.

Belle épreuve, marges.

QUEVERDO (d'après)

557 — La fille surprise, gravé par Patas.
Très belle épreuve imprimée en couleur, marges, encadrée.

558 — Le levé de la mariée, par Dambrun.
Très belle épreuve, marges, encadrée.

559 — Vénus découvrant la grossesse de Calisto, gravé en couleur.
Très belle épreuve avant toute lettre et avant la draperie, grandes marges.

560 — Six estampes grand in-8 pour le *Déserteur*, comédie de Sédaine, 1769.
Très belles épreuves à toutes marges.

561 — Estampes in-4 pour la *Henriade*, de Voltaire, édition de 1787; douze pièces.
Très belles épreuves, grandes marges.

QUEVERDO ET MARTINET (d'après)

562 — Six figures in-8 pour *Rose et Colas*, comédie de Sédaine, 1764.
Très belles épreuves, à toutes marges.

RAIMBACH (Abr.)

563 — Distraining for Rent. — Blind-Man's Buff, deux pièces faisan pendants, d'après Wilkie.
Belles épreuves sur papier de Chine, encadrées.

RAJON

564 — Tête de femme, gravée à la manière de crayon; soixante-dix épreuves.
Tirage à la sanguine.

RAMBERG

565 — La vengeance du mari.
Belle épreuve avant la lettre, coloriée.

RAOUX (d'après)

566 — Une vestale, par P. Audouin.
Très belle épreuve, avant toutes lettres, en feuille.

RAVENET (S. F.)

567 — The young Gipsy, d'après Morelli.
Belle épreuve, grandes marges.

REGNAULT

568 — Ah; s'il s'éveillait. — Dors, dors...; deux pièces faisant pendants.
Superbes épreuves avant la lettre, imprimées en bistre, marges, encadrées.

REGNAULT

569 — Ah ! s'il s'éveillait.

Belle épreuve avant toutes lettres, petites marges.

REMBRANDT, VAN RIJN

570 — Pierre et Paul à la porte du temple. (B. 94. — Ch. B. 66.)

Belle épreuve du troisième état, encadrée.

RÉVOLUTION FRANÇAISE (Pièces sur la)

571 — Titres et estampes gravés par Vinkelès, et publiés dans une histoire de la Révolution française, édition hollandaise ; cent vingt-cinq pièces.

Belles épreuves.

REYNOLDS (d'après sir J.)

572 — *Bingham*, (The Honourable Miss) par F. Bonnefoy, in-4 en couleur.

Très belle épreuve, grandes marges.

REYNOLDS (J. W.)

573 — Chasse au canard. — Chasse à courre ; deux pièces faisant pendants, gravées à la manière noire, d'après H. Vernet.

Très belles epreuves, grandes marges.

RITTNER (A Paris chez)

574 — Panorama de Paris, pris du pavillon de Flore ; quatre feuilles coloriées.

Très belles épreuves, grandes marges.

ROBERTS (P.)

575 — *Berry*, (Captain sir Edward) of the Vanguard, médaillon in-4 en bistre, d'après Grimaldi.

Très belle épreuve, grandes marges.

ROGER (B.)

576 — *Tasso*, (Torquato) médaillon in-18.

Deux épreuves avant la lettre, dont une à l'eau-forte pure, toutes marges.

ROMANET

577 — *Louis XVI*, d'après Duplessis, in-4.

Belle épreuve avant la lettre, sans marges.

578 — Le sommeil, d'après Le Titien.

Belle épreuve, marges.

ROPS (Félicien)

579 — Frontispices pour *Anandria*. — *Un été à la campagne*. — Les gaietés de Béranger ; quatre pièces in-8.

Belles épreuves, sur papier de Chine volant, grandes marges.

ROPS (Félicien)

580 — Frontispice pour *Le grand et le petit trottoir*, de Delvau, in-8.
Très belle épreuve d'artiste avant l'inscription sur la tablette, sur papier de Chine,
à toutes marges.

ROWLANDSON

581 — Le fumeur.
Belle épreuve coloriée, encadrée.

582 — Joint Stock street, d'après Woodward, 1808.
Belle épreuve coloriée.

583 — La proposition.
Belle épreuve en couleur, sans marges, encadrée.

RUBENS (Galerie de)

584 — Musée du Louvre, galerie de Rubens, dite de Luxembourg, com-
posée des vingt-quatre tableaux, gravés sur acier par les premiers
artistes. *Paris, Léon Wilhem*, 1873, in-folio, dem. rel. maroq.
rouge avec coins, t. d.

RUDAUX ET GIACOMELLI (d'après)

585 — Figures, en-têtes et culs-de-lampe pour les *Œillets de Kerlaz*,
Ed. Conquet ; douze pièces.
Belles épreuves en tirages à part, sur papier du Japon.

RUOTTE

586 — *Lamballe*, (Mar. Thér. Louise de Savoye-Carignan, princesse de)
d'après Danloux, in-4, 1791.
Très belle épreuve, grandes marges.

SAINT-AUBIN (Aug de)

587 — Commissionnaire apportant une lettre, planche première de la
série (Mes Gens.) (E. B. 390)
Très belle épreuve à l'eau-forte pure, grandes marges.

588 — Comptez sur mes serments. (E. B. 407)
Très belle épreuve, marges.

589 — *Pandore*, vignette in-8, d'après C. N. Cochin. (E. B. 636)
Très belle épreuve avant la lettre, grandes marges.

SAINT AUBIN (d'après Aug. de)

590 — L'hommage réciproque, par Gaultier. (E. B. 471)
Très belle épreuve imprimée en couleur, grandes marges.

591 — La même estampe.
Belle épreuve imprimée en bistre, grandes marges.

SAINT-AUBIN (d'après Augustin de)

592 — L'heureuse mère, gravée en couleur par Sergent et Gautier l'ainé. (E. B. 413)

Très belle épreuve, marges.

SAINT-AUBIN (d'après Gabriel de)

593 — Frontispice pour *Le jardinier et son seigneur*, comédie de Sedaine, gravé par Aug. de Saint-Aubin, in-8. (E. B. 621)

Très belle épreuve du premier état a l'eau-forte pure, grandes marges.

SAINT-QUENTIN (d'après)

594 — Vignettes têtes de page pour l'*Agriculture* de Rosset, 1774; cinq pièces.

Belles épreuves avant la lettre, une est à l'eau-forte pure, marges.

SAUERWEID

595 — Vue de Paris, prise de la route de Meudon, in-folio, 1780.

Belle épreuve coloriée, grandes marges.

SAVART (P.)

596 — Boileau-Despréaux, (Nic.) d'après H. Rigaud, in-8.

Belle épreuve avant la pagination, marges.

SAYER (Published by R.)

597 — The Joyous moment.

Belle épreuve, à toutes marges.

598 — La perte irréparable. — La réflexion tardive; deux pièces faisant pendants.

Belles épreuves encadrées.

SCHALL (d'après)

599 — Le Bât, par Lindor de Toulouse.

Belle épreuve marges, encadree.

600 — La défaite. — La conviction; deux pièces faisant pendants, gravées par G. Marchand.

Belle épreuve, marges, encadrées.

601 — Le souvenir agréable, par Vidal.

Belle épreuve coloriée, marges, encadrée.

SCHENCK (Pierre)

602 — Son portrait in-4 et petit in-folio. — *Gérard de Lairesse*, peintre! quatre portraits à la manière noire.

Belles épreuves, marges.

SCHMIDT (G. Fr.)

603 — *Evreux,* (Louis de la Tour d'Auvergne, comte d') d'ap. H. Rigaud, in-folio.

Belle épreuve, marges.

604 — *La Tour,* (M. Q. de) coiffé d'un chapeau, peint par lui-même, 1778.

Très belle épreuve avant toutes lettres, petites marges.

SCHULTZE (C. G.)

605 — L'enlèvement de Ganimède, d'après Feydelmann.

Belle épreuve, avant la lettre, grandes marges.

SCHUPPEN (P. Van)

606 — *Deshoullières,* (Mme) d'après Melle Sophie Chéron, in-8.

Très belle épreuve, marges.

SICARDI (d'après)

607 — Oh ! Che Bocome. — Come la trovate? deux pièces faisant pendants, gravées par Burke et Copia.

Belles épreuves, petites marges, encadrées.

608 — Come la Trovate ? gravé en couleur par Copia.

Très belle épreuve, marges.

SICHEM (J. Van)

609 — *Marie,* reine de Hongrie. — *Albert,* archiduc d'Autriche et *Isabelle,* son épouse. — *Robert Dudlei,* — *Maurice de Nassau;* quatre portraits en pied,

Belles épreuves.

SIMONNEAU (C.)

610 — Le Rhin passé à la nage par les Français à la veüe de l'armée de Hollande, 11 juin 1672 ; grand in-folio d'après F. Van der Meulen.

Belle épreuve ancienne, pliée

611 — En-têtes de dédicace, vignettes ; suite de douze pièces publiées dans un ouvrage du XVIII· siècle.

Belles épreuves en tirages à part, marges.

STRANGE (Robert)

612 — *Charles Ier. — Henriette-Marie;* deux portraits en pied, faisant pendants, d'après A. Van Dyck.

Très belles épreuves, doublées (les marges de côté manquent).

SUJETS A TABATIÈRES

613 — Dix-sept sujets gracieux, par B. Picard, de Poilly, Bouchardon et autres.

Belles épreuves.

SURUGUES. THOMASSIN, WILLE

614 — *Parrocel*, (Joseph) peintre. — *Frémin*, (Réné), sculpteur. — *Vanloo*, (Carle) peintre. — *Thierry*, (Jean) sculpteur ; quatre portraits, petit in-folio.
Belles épreuves dont une avant toute lettre, marges.

SUYDERHOEF (I.)

615 — La Chûte des réprouvés, d'après P.-P. Rubens, 1642.
Belle épreuve imprimée en deux feuilles, marges.

TARDIEU

616 — *Huber*, d'après Krafft, in-12.
Très belle épreuve avant toute lettre, à toutes marges.

TROLL

617 — Diverses vues du Jardin des Tuilleries ; suite de neuf pièces in-4, gravées à la manière de lavis.
Belles épreuves, marges.

TURNER (Ch.)

618 — *Malibran*, (Mme) rôle de Desdemone ; à la manière noire, d'après Decaisne, grand in-4.
Très belle épreuve, à toutes marges,

VALDOR (Jean)

619 — *Ignace de Loyola*, de la Société de Jésus.
Très belle épreuve avant le nom du graveur.

VALLÉE (Simon)

620 — *Troy*, (Jean de) peintre, in-folio d'après Fr. de Troy.
Très belle épreuve, marges.

VALLOT (F.)

621 — *Bonington*, (R. P.) eau-forte, in-8, 1847.
Très belle épreuve, avant la lettre à toutes marges.

VERNET (d'après C.)

622 — Etudes de chevaux, lithographiées d'après les dessins de Carle Vernet ; douze pièces en album.

VIGNETTES

623 — *Arioste*. Vignettes d'après Cochin, Moreau, Cipriani, Bartolozz et autres, pour *Roland furieux* ; environ soixante pièces.
Bonnes épreuves, la plupart à toutes marges.

624 — *Crébillon* (Jolyot de). Portraits et vignettes, d'après Marillier, Moreau, Deveria ; trente-cinq pièces.
Belles épreuves, plusieurs sont avant la lettre.

VIGNETTES

625 — *Delavigne* (Casimir). Vignettes et Portraits, d'après Deveria, Johannot et Corboult pour les *Œuvres*; environ cent quarante pièces.

Epreuves avant et avec la lettre, la plupart à toutes marges.

626 —*Demoustier*. Vignettes d'après Moreau, Desenne, Queverdo et autres, pour les *Lettres à Emilie sur la Mythologie;* environ cent quarante pièces.

Belles épreuves, la plupart sont avant la lettre, ou de premier tirage

627 — *Fénélon*. Vignettes in-4, d'après L. F. du Bourg, pour les *Aventures de Télémaque;* vingt-six pièces.

Belles épreuves.

628 — *Florian*. Vignettes in-8 d'après Marillier et Monnet pour les œuvres; cent trente pièces.

Belles épreuves, quelques doubles.

629 — *Florian*. Vignettes in-18 d'après Monnet, Flouest et Queverdo, pour les œuvres, 1784-1799; quatre-vingt-dix pièces.

Epreuves à toutes marges

630 — *Gœthe*. Portraits et vignettes pour *Faust, Werther,* gravés par Chodowiecky, Duplessis Bertaux, Tony-Johannot et autres; quarante pièces.

Belles épreuves, plusieurs sont avant la lettre.

631 — *Lafontaine*. (J. de) Réunion de cent vingt-cinq vignettes anciennes et modernes *pour les contes.*

Belles épreuves, plusieurs sont avant la lettre.

632 — *Lafontaine*. Suite de un portrait et vingt sujets in-8, gravés à l'eau-forte, par T. de Mare, d'après Fragonard et Touzé. *Paris, Conquet,* 1881.

Epreuves du quatrième état sur papier de Hollande, en feuilles.

633 — *Lesage*. Portraits et vignettes in-18 et in-8, d'après Nap. Thomas, Monnet, Deveria et autres, pour *Les Œuvres, Gil Blas* et le *Diable Boiteux;* environ cent vingt pièces.

Epreuves avant et avec la lettre.

634 — *Lettres d'Héloïse et d'Abeilard*. Suite de douze vignettes in-18, non signées, publiées au XVIII· siècle.

Belles épreuves, petites marges.

VIGNETTES

635 — *Marmontel.* Vignettes d'après Moreau et Eisen pour les *Incas* et
les *Chefs-d'Œuvres dramatiques*; quarante-cinq pièces.
  Belles épreuves.

636 — *Milton.* Vignettes in-18 et in-8 d'après Monsiau, Westall et autres,
pour *Les Œuvres*; vingt pièces.
  Plusieurs épreuves sont avant la lettre ou à l'eau-forte pure.

637 — *Molière.* (J. B. Poq. de) Réunion de quatre-vingts vignettes et
portraits anciens et modernes.
  Belles épreuves, plusieurs sont avant la lettre et à l'eau-forte pure.

638 — *Molière.* Vignettes in-8, d'après Horace Vernet, Hersent, Desenne
et autres, pour les œuvres; vingt pièces.
  Epreuve avant la lettre et à l'eau-forte pure, grandes marges.

639 — *Musée.* Vignettes in-12 et in-8, d'après Monnet, Monsiau, Harriet
et autres, pour *Héro et Léandre;* trente pièces.
  Belles épreuves, plusieurs sont avant la lettre.

640 — *Racine.* (Jean) Réunion de vignettes et portraits anciens et modernes, pour les œuvres.
  Belles épreuves, plusieurs sont avant la lettre.

641 — *Rousseau,* (J. B.) deux portraits et vignettes, d'après Lafitte,
pour les œuvres; trente pièces.
  Belles epreuves, plusieurs sont avant la lettre, grandes marges.

642 — *Rousseau.* (J.-J.) Vignettes in-18, d'après Moreau le Jeune, *pour
les œuvres;* Ed. Cazin; trente-cinq pièces.
  Belles épreuves, la plupart avant la lettre.

643 — *Rousseau.* (J.-J.) Vignettes in-8 d'après Moreau le Jeune, Lebar-
bier, Monnet, Marillier et autres, pour *les œuvres,* Ed. Poinçot;
environ deux cents pièces.
  Belles épreuves, quelques doubles.

644 — *Rousseau.* (J.-J.) Environ deux cents pièces, d'après Cochin,
Choffard, Moreau, Desenne et autres, pour les œuvres.
  Plusieurs sont avant la lettre.

645 — D'après Marillier, Cochin, Moreau et autres; cinquante-deux
pièces.
  Epreuves avant et avec la lettre.

VIGNETTES

646 — D'après Eisen, Lancret, Duplessis-Bertaux, Le Bouteux ; vingt et une pièces.

Réimpressions.

647 — D'après Marillier. Gravelot et autres ; portraits et gravures sur bois, environ cent pièces.

VIGNETTES ANGLAISES

648 — Vignettes pour les œuvres de Goldsmith, Hope, Rambler et autres ; vingt pièces.

Belles épreuves, la plupart à toutes marges.

WALLET (E.)

649 — L'alcôve, d'après Fragonard.

Très belle épreuve, encadrée.

WARD (W.)

650 — Méditation, gravé à la manière noire, d'après J. Reynolds

Très belle épreuve à toutes marges.

WATSON (Caroline)

651 — *Harris*, (The Right Honble sir James) gravé à la manière noire, d'après J. Reynolds, 1786, in-4.

Très belle épreuve, marges.

WATSON (James)

652 — The musical Lady, gravé à la manière noire, d'après Metzu.

Belle epreuve, marges.

653 — *Boynton*, (Mary, Lady), en pied, gravé à la manière noire, d'après F. Cotes, in-folio.

Très belle épreuve, sans marges.

WATSON (Thomas)

654 — *Eloïsa*, in-4, à la manière noire, d'après D. Gardner.

Très belle épreuve, marges.

WATTEAU (A.)

655 — La troupe italienne. (R. D. 8.)

Très belle épreuve avec l'adresse de Sirois, grandes marges, rare.

WATTEAU (d'après A.)

656 — L'amour paisible. — Le passe temps. — La rêveuse ; trois pièces gravées par Audran, Aveline et de Favanne.

Belles épreuves, petites marges.

VATTEAU (d'après A.)

657 — Les deux cousines, par Baron.
Très belle épreuve avec toute sa marge.

658 — La fileuse. — La marmotte. — La villageoise ; trois pièces gravées par Audran et Aveline.
Belles épreuves, marges.

659 — Mezetin. — La rêveuse. — Le rendez-vous ; trois pièces gravées par Audran et Aveline.
Belles épreuves, petites marges.

660 — *Sous un habit de Mezzetin...*, etc., par Thomassin le fils.
Très belle épreuve, grandes marges.

WHRISKER (d'après)

661 — Figures in-8 pour les *Souvenirs et regrets d'un vieil amateur dramatique*, 1782 ; dix-neuf pièces.
Belles épreuves en noir à toutes marges, quatre sont coloriées.

WILLE (J. G.)

662 — *Marie-Thérèse d'Espagne*, dauphine de France, d'après Klein, in-4.
Très belle épreuve, marges.

663 — Mort de Cléopâtre. — La mort de Marc-Antoine ; deux pièces, d'après Battoni et Netscher.
Belles épreuves, marges.

WILLE (J. G.), **THOMASSIN**

664 — *Crillon*, (Jean Louis de) archevêque de Narbonne. — *Noailles*, (Louis Anatole, cardinal de) ; deux portraits in-8 en largeur.
Très belles épreuves avant la lettre au verso, petites marges.

WILLIAMS (d'après J.)

665 — Pastoral Felicity, gravé en couleur, par Bénard, 1790.
Très belle épreuve a toutes marges

WOLFF l'aîné (d'après)

666 — La douce Minette. — Les pommes de terre ; deux pièces faisant pendants, gravées par son frère.
Belles épreuves en couleur, marges,

WORLIDGE

667 — *Ninon de Lenclos,* d'après une peinture qui se trouve en Angleterre, 1757, in 8.
Belle épreuve.

WYCK (Thomas)

668 — Vieille femme assise et filant. (B. 1.)
  Belle épreuve.

YOUNG (J.)

669 — *Delille*, (Jacques) gravé à la manière noire, d'après J. L. Monnier, 1802, in-4.
  Très belle épreuve, marges.

DESSINS

ALINOT (P.)

670 — La solution difficile.
  A la plume, signé 1889, encadré.

ANDRIEUX (A.)

671 — Groupe de deux personnages dans une loge.
  Mine de plomb et aquarelle, signé.

AUDY, APPIAN, WILLE (par ou d'après)

672 — Sujets de genre, costumes, académies ; vingt dessins au crayon et à l'aquarelle.

AUGUSTIN

673 — Femme en joli costume, mettant ses bas.
  Très belle gouache signée, cadre en bois sculpté.

AUVREST

674 — *Louis XIV. — Frédéric II* ; deux portraits à cheval, dessinés en traits calligraphiques, lavés d'encre de Chine.

BERCHÈRE

675 — Paysages, marines, études ; neuf dessins.
  A la mine de plomb. (Cachets de la vente),

BERTAUX

676 — Charlatan. — Marchand sur une place publique ; deux dessins.
  A la plume et au lavis d'encre de Chine.

BEZENVAL (L. de)

677 — Sujets de chasse, trois pièces.
  Aquarelles, signées.

BLOCH (A.)

678 — Le Chouan ; dessin qui lui a servi pour son tableau du salon.
  A la plume, signé, 1885.

BOUCHARDY

679 — Son portrait, en buste, 1817.
Aux trois crayons.

BOUCHER (Attribué à Fr.)

680 — *Pompadour* (Mme la marquise de).
Pastel ; cadre Louis XVI en bois sculpté.

CARMONTELLE (Attribué à)

681 — *La marquise de Favras,* princesse d'Anhalt et sa fille.
A la pierre noire.

CASTELLI (H.)

682 — Scènes intimes ; deux pendants.
Aquarelles, encadrées.

CHABRILLAT

683 — Vue de Paris, rue de la Planchette — Ravaudeur — Paysage — Poissonnerie ; quatre dessins, 1852.
Mine de plomb et aquarelles.

CHARLET

684 — Portrait d'homme à mi-corps ; au verso, groupe de cavaliers.
Crayon noir et mine de plomb.

685 — Chasseur équipé, et tête nue ; au verso, croquis d'un militaire, en pied.
Mine de plomb.

686 — Garde nationale. — Officier en grande tenue. — Postillon ; trois dessins.
Croquis à la plume et à la mine de plomb.

687 — Scène militaire.
Croquis à la mine de plomb.

CLERGET (Hubert)

688 — Cabane de pêcheurs, adossée à la falaise.
Aquarelle, signée.

COURRIGER (Antoine)

689 — Scènes de l'antiquité ; cinq compositions à la sanguine. Signées et datées 1772.
Encadrées.

DASCHER, GAIBAZZI, LEGRAND

690 — Sujets pour illustrations de journaux ; dix pièces.

DAUZATS

691 — Cloître de Belem, novembre 1835. — Ruines et église, 1836 ; deux dessins signés et datés.
Aquarelles

DAVID (J.-L.).

692 — Une Ondine. — Femmes couchées; quatre dessins.

Aquarelles et mine de plomb.

DESSINS CHINOIS.

693 — Deux albums, contenant environ trente dessins à l'aquarelle, représentant des sujets militaires.

394 — Paysages in-4·, animés de personnages treize pièces sur papier de riz; en album.

DEVERIA (Achille).

695 — Compositions in-8, pour les OEuvres de J.-J. Rousseau, Ed. Dalibon, 1827; six pièces.

A la sépia.

ÉCOLE FRANÇAISE DU XVIII· SIÈCLE.

696 — Académies; par Natoire, Pierre et autres; huit pièces.

A la sanguine.

697 — Le Chevalier Breedaël, peintre de batailles, représenté assis, peignant un sujet de bataille.

A la pierre noire

ÉCOLE MODERNE

698 — Paysages. — Costumes. — Etudes d'animaux; par Hervier, Giraud, Lançon, Isabey et autres; douze dessins.

Au crayon et à l'aquarelle.

699 — Cinq dessins; par Sauvageot, E. Lami, J. David, et autres.

Mine de plomb et aquarelles.

700 — Cinq aquarelles, sujets gracieux.

Encadrées.

ÉCOLE MODERNE

701 — Portrait, sujets pour illustrations; dix-neuf pièces.

A la plume; lavés d'encre de chine (on y a joint quelques épreuves des gravures

702 — Paysages. — Académie, environ quarante pièces.

703 — Costumes, Portraits, Paysages, Chasses, Attelages, Sujets divers, par Berchère, Hadol, Isabey, Giraud, Lepoitevin, Andrieux, de Beusenval, Audy, Marlet, Sebron, E. Lami, Grévin, Leloir, Toudouze, Ciceri et autres; environ quatre cents pièces. (Seront vendus par lots.)

GAVARNI

704 — Etudes de débardeurs; trois croquis sur une feuille, au verso diverses études.

A la plume. (Provient de l'album d'Hervier.)

GRAVELOT (Hubert)

705 — La Mort d'Orphée; composition pour les métamorphoses d'Ovide, in-4.

A la Sépia, rehaussé de gouache.

GUDIN (T.)

706 — L'Orage, Marine.

Sépia, signée et datée 1836, encadrée.

HERVIER

707 — Vue de Dieppe, 1847. — Trouville, 1844. — Marines; quatre dessins.

Mine de plomb et aquarelles.

HUET (J.B.)

708 — Paysan revenant du marché. — Bergère assise au bord d'un ruisseau; deux dessins.

A la plume, lavé d'encre de Chine, et aquarelle.

ISABEY (Eugène)

709 — Marine.

Aquarelle.

ISABEY (attribué à J.-B.)

710 — La Princesse Potocka, avec coiffure à plumes.

Mine de plomb.

JUGLAR (J.)

711 — Promeneurs en 1816.

Crayon noir, encadré.

LAMI (Eugène)

712 — *Nemours*, (Mgr le duc de) représenté à cheval.

Esquisse à la mine de plomb.

713 — Militaires à cheval.

Croquis à la plume.

714 — Etudes de chevaux; deux dessins.

Mine de plomb, rehaussée de gouache.

LEFEBVRE-LOURDET

715 — La Mère aux chats. (Dessin original du *Courrier Français*).
Plume rehaussée d'aquarelle, encadrée.

LEGRAND (Edm.)

716 — Vues de Paris, atelier de Louise Abbema, portraits d'Erckmann et Chatrian, etc.; dix dessins pour publications illustrées.

LEGROS (A.)

717 — Portrait de M. Champfleury, directeur de la manufacture nationale de Sèvres.

A la mine de plomb et au crayon noir.

LUGUE, HAMEL, RENOU

718 — Scènes parisiennes, actualités; dix dessins pour journaux illustrés.

MALLET

719 — La leçon de chant.

Gouache encadrée,

MARGIASSI (M. S.)

720 — Jeune fille irlandaise.

Dessin a l'encre de Chine rehaussé de gouache, (a été reproduit sur bois dans une publication anglaise, 1889) encadrée,

MEISSONIER (attribué à)

721 — Les joueurs de cartes.

A la plume.

MÉRIMÉE (Prosper)

722 — Guerrier du moyen âge, assis, tenant une hache d'armes.

A la plume.

MINIATURES DES XVI ET XVII SIÈCLES

723 — Halte de bohémiens. — Moine découvrant une femme endormie. — Costumes, scènes gracieuses; cinq pièces.

Gouaches sur parchemin.

MONNET (Ch.)

724 — Composition in-4 pour les métamorphoses d'Ovide, 1767.

Plume et lavis d'encre de Chine. (On y a joint la gravure.)

725 — La loge des neuf sœurs, diplôme de franc-maçonnerie. (A été gravé par Choffard.)

Plume et lavis d'encre de Chine, encadré.

MONNIER (Henry)

726 — Portrait de Villemessant, fondateur du *Figaro*, représenté assis.

A la plume et à la mine de plomb.

727 — Portrait d'homme, buste.

Au crayon noir.

728 — Dans un intérieur un homme et une femme sont assis.

A la sépia, signé 1825, encadré.

MOREAU LE JEUNE (J. M.)

729 — La naissance de Bacchus.

Plume et lavis de bistre, signé 1762, encadré.

MOREL (Pierre)

730 — Sonnet de la truffe.

A la plume, rehaussé d'aquarelle, encadré.

NEUVILLE (A. de)

731 — Les dernières Cartouches.

Etude à la plume lavée d'encre de Chine, signée, encadrée.

PATER

732 — Elégante de l'époque Louis XV.

Sanguine.

PERNET

733 — Ruines et fontaine ; composition ovale.

Plume et aquarelle.

PHILIPPON (Charles)

734 — Les déclarations ; suite de onze compositions in-4.

Aquarelles signées, avec légendes humouristiques.

PRUD'HON (Attribué à P. P.)

735 — Encadrement avec sujet allégorique sur les beaux arts; pour diplôme.

Crayon noir rehaussé de blanc, sur papier bleu

RŒDEL

736 — Monsieur ! une lettre chargée, il n'y a qu'à signer. — Fichez-moi le camp, pas le temps de signer, je finis mon Salon ; (publié dans le *Courrier Français*).

A la plume, encadré.

ROQUEPLAN (Camille)

737 — Navire démâté.

Aquarelle encadrée signée.

RUBÉ (A.)

738 — Paysage avec moulin à vent.

Au crayon noir, encadré signé.

SAINT-AUBIN (Aug. de)

739 — Chute d'un danseur de corde.

Charmante composition au crayon noir rehaussé de blanc

SAINT-MARCEL (de)

740 — Le Sabotier.

Fusain, encadré

SAUVAGEOT (Charles)

741 — La Cinquantaine.

Mine de plomb, signée et datée 15 juin 1853, encadrée.

TAUPIN

742 — La Poudre de Riz. (Dessin original du *Courrier Français*.)

Plume rehaussée de gouache, encadrée.

TITIEN (d'après le)

743 — Vénus couchée. — Danaë; deux pièces faisant pendants.
Gouaches encadrées.

VERNET (Horace)

744 — Scène de Tournoi.
A la plume.

VIOLLET-LE-DUC

745 — Ancien cimetière des Juifs, à Prague.
Aquarelle.

746 — Monument à Sainte-Beuve.
Esquisse à l'aquarelle, signée.

747 — Une Place publique à Rome en 1840.
Mine de plomb, signée du monogramme.

WAILLY (de)

748 — Vue du temple de Salomon et de ses parvis, in-folio.
A la plume, lavé de sépia, signé, 1766.

WATTIER (Emile)

749 — Jeune fille assise au bord d'un ruisseau; composition ovale, autre sujet au verso.
A la pierre noire, rehaussée de blanc, portant un envoi autographe à M. de La Rounat.

WEIROTTER

750 — Chaumières au bord d'un ruisseau.
Au lavis d'encre de Chine.

WEISS (de Strasbourg)

751 — Grand cartouche avec emblèmes religieux et ornements Louis XV : au bas, la vue panoramique de la ville de Strasbourg.
Plume et lavis d'encre de Chine.

TABLEAUX

ANONYME

752 — Femme à sa toilette. Toile de 1 m. 60 sur 1 m. 02.

BOUCHER (d'après Fr.)

753 — Femmes couchées; deux toiles de forme ovale faisant pendants.

FRAGONARD (d'après H.)

754 — Le Savetier, panneau de forme ronde.

INNOCENTI (G.).

755 — Jeune femme agaçant un chardonneret posé sur son épaule.

MISBACH

756 — Portrait de femme, signé, 1806.

ROCQUEMONT (de).

757 — Paysage, signé et daté 1850.

ROSSIGHELLI.

758 — Arlequine. Toile de 2 m. 20 sur 0 m. 32 signée et datée.

TENIERS (d'après).

759 — Scènes villageoises ; deux pendants.

VUILLEMOT

760 — Don Juan ; esquisse.

OBJETS DIVERS

761 — Eventail Louis XVI, sujet danseuse, monture en os.

762 — Trois éventails, époque Louis XVI et de 1830.

763 — Broderie ancienne, soie pailletée d'or. Bonne conservation.

764 — Portefeuille à gravures, formé d'une reliure in-folio. (Aux armes de la ville de Paris.)

765 — Portefeuille à gravures formé d'une reliure petit in-folio, maroq. rouge, orné de fleurs de lis sur le dos et sur les plats. (Aux armes d'un cardinal.)

766 — Deux albums à dessin, reliure chag., orn. or sur les plats, t. d.

767 — Sous ce numéro il sera vendu par lots environ cent pièces encadrées, tableaux, dessins, gravures, miniatures, cadres, etc.

Paris. — Impr. PAIRAULT et Cie, 3, passage Nollet. 2602